城市新区海绵城市规划理论方法与实践

徐海顺　蔡永立　赵　兵　王　浩　著

中国建筑工业出版社

图书在版编目（CIP）数据

城市新区海绵城市规划理论方法与实践 / 徐海顺等著 . —北京：中国建筑工业出版社，2016.9
ISBN 978-7-112-19593-0

Ⅰ. ①城… Ⅱ. ①徐… Ⅲ. ①城市规划—研究—中国 Ⅳ. ①TU984.2

中国版本图书馆CIP数据核字（2016）第159641号

责任编辑：石枫华 兰丽婷 李 杰
书籍设计：京点制版
责任校对：李欣慰 张 颖

城市新区海绵城市规划理论方法与实践
徐海顺 蔡永立 赵 兵 王 浩 著
*
中国建筑工业出版社出版、发行（北京西郊百万庄）
各地新华书店、建筑书店经销
北京京点图文设计有限公司制版
北京君升印刷有限公司印刷
*
开本：787×1092 毫米 1/16 印张：8½ 字数：193 千字
2016 年 9 月第一版 2016 年 9 月第一次印刷
定价：46.00 元
ISBN 978-7-112-19593-0
（29082）

本研究得到中国博士后科学基金资助项目（2016M590459）、上海市科委重大科技攻关项目（09DZ1200900）以及江苏省重点学科——风景园林学、江苏省高校品牌专业建设工程——园林专业共同资助。

前　言

目前，海绵城市是当前城市人居环境学科的研究热点，海绵城市建设正在国内如火如荼进行。国内有关海绵城市规划设计的理论研究虽然取得了一定的成果，但总体而言，滞后于实践，尚处于借鉴国外经验的起步阶段。

城市新区作为我国城市化进程中的建设主体，是海绵城市的重点关注区域。本书在海绵城市建设背景下，围绕城市生态水文过程调控，以生态雨水基础设施理论为核心，结合我国城市新区的发展模式、规划编制体系、建设管理体制等实际情况，基于海绵城市的多目标角度，在不同研究尺度和规划层次上，系统提出了多目标、多尺度与多层次的中国城市新区海绵城市规划的本土理论系统与方法体系，并以上海临港新城为例进行了实证研究。

本书包括背景篇、理论篇、实证篇三大部分：背景篇介绍了海绵城市建设背景，并对国内外海绵城市建设模式、体系与相关案例展开了综述；理论篇构建了中国城市新区海绵城市规划框架以及规划理论、方法与技术体系；实证篇以上海临港新城为研究区域，展开了不同尺度、不同规划阶段的海绵城市生态雨水基础设施规划设计实证研究。

本书不仅可以为中国城市新区海绵城市规划和建设实践提供理论支撑与科学指导，对于城市已建成区（旧城区）的海绵城市建设也具有一定的指导意义。

缩略语表

缩写	英文名称	中文名称
AMC	Antecedent Moisture Condition	前期土壤湿润条件
API	Antecedent Precipitation Index	前期降水指数
BASINS	Better Assessment Science Integrating Point and Nonpoint Source	最佳污染集成估算系统
BMPs	Best Management Practices	最佳管理措施
CN	Curve Number	径流曲线数
CNT	Center for Neighborhood Technology	邻里技术中心
COD	Chemical Oxygen Demand	化学需氧量
CPv	Stream Channel Protection Volume Requirements	河道保护体积
CSD	Conservation Sub-Divisions	小区域保护
CWA	Clean Water Act	清洁水法
DEM	Digital Elevation Model	数字高程模型
EGA	Effective Green Area	有效绿地
EI	Ecological Infrastructure	生态基础设施
EIA	Effective Impervious Areas	有效不透水面
EMC	Event Mean Concentration	降雨事件污染物平均浓度值
EPA	Effective Pervious Areas	有效透水面
ESI	Ecological Stormwater Infrastructure	生态雨水基础设施
ESV	Ecosystem Services Value	生态系统服务价值
ESWM	Eco-Stormwater Management	生态雨洪管理
EWA	Effective Wetland Area	有效水体
FWPCA	Federal Water Pollution Control Act Amendment	联邦水污染控制法修正案
GI	Green Infrastructure	绿色基础设施
GIS	Geographic Information System	地理信息系统
IA	Impervious Areas	不透水面
ICM	Integrated Catchment Management	综合流域管理
IWM	Integrated Waters Management	水资源综合管理
LEED	Leadership in Energy and Environmental Design	美国绿色建筑评价标准
LID	Low Impact Development	低影响开发
LID-ES	Low Impact Development-Ecological Stormwater Intrastracture	低影响开发型生态雨水基础设施

缩写	英文名称	中文名称
LIUDD	Low Impact Urban Design and Development	低影响城市设计和开发
LU/LC	Land Use/Land Cover	土地利用/土地覆被
MAB	Man and the Biosphere Programme	人与生物圈计划
MR	Mulden Rigolen System	洼地—渗渠系统
MUSIC	Model for Urban Stormwater Improvement Conceptualization	城市暴雨管理概念模型软件
NEIA	Non-effective Impervious Areas	非有效不透水面
NEPA	Non-effective Pervious Areas	非有效透水面
NYEIS	New York Ecological Infrastructure Study	纽约生态基础设施研究
NGO	Non-government Organization	非政府组织
PDES	National Pollutant Discharge Elimination System	国家污染物排放削减许可制度
NPS	Non-Point Source Pollution	非点源污染
PA	Pervious Areas	透水面
PC	Precast Concrete	预制混凝土
PLOAD	Pollution Load	污染物负荷
RRv	Runoff Reduction Volume	径流削减体积
SB/GA	Sustainable Building/Green Architecture	可持续建筑/绿色建筑
SCP	Scenario Planning	情景规划
SCS	Soil Conservation Service	水土保持局
SG	Smart Growth	精明增长
SP	Landscape Security Pattern	景观安全格局
SWMSP	Stormwater Management Landscape Security Pattern	雨洪管理景观安全格局
TP	Total Phosphorus	总磷
TSS	Total Suspended Solids	总悬浮固体
Tv	Treatment Volume	雨水处理体积
USCESWM	Urban Underlying Surface Classification for Eco-Stormwater Management	生态雨洪管理角度下的“三维度”城市下垫面分类系统
USEPA	U.S. Environmental Protection Agency	美国环境保护局
WQA	Water Quality Act	水质法案
WQv	Water Quality Volume	水质控制体积
WSUD	Water Sensitive Urban Design	水敏感城市设计

目 录

背景篇

理论篇

实证篇

背景篇

第 1 章　海绵城市建设背景

1.1　城市化带来的雨洪管理问题

城市化进程中，建设用地不断扩张，高强度的人类活动强烈干扰着原有自然生态系统，导致了地表地理过程以及景观结构的强烈变化。城市地区下垫面特性的改变，尤其是不透水下垫面比例的增加，显著改变了原有的自然水文生态过程，导致了一系列的城市雨洪管理问题，集中表现为：洪涝灾害频发、水环境持续恶化以及水资源严重短缺。城市中原有的耕地、林地、湿地等渗透性能较好、雨洪调蓄能力较强的自然景观大量被透水性能较差甚至不透水的硬化表面（道路交通用地、建筑屋面、广场等）所取代，透水地表的滞洪、蓄洪能力大幅度减小，影响了降雨的截留、下渗、过滤、蒸发及其产汇流过程，使得原本渗入地下的雨水大部分转为地表径流排出，造成暴雨径流流量增加、汇流速度加快，加大了发生洪涝灾害的频率和强度。近年来，北京、广州、南京、上海、成都等大中城市的暴雨内涝灾害频发。

高强度的城市建设，改变了城市的物质迁移生态过程，使得城市非点源污染负荷量剧增，导致河流水质和生态功能退化。随着工业和生活污染源等点污染源得到有效控制，降雨径流冲刷地表带来的非点源污染已经逐渐成为受纳水体污染的主要来源，加重了城市水质性缺水的局面。根据美国环境保护局（U.S. Environmental Protection Agency，USEPA）的研究，美国有 60% 的河流以及 50% 的湖泊污染与非点源污染密切相关。来自我国环境保护部 2003 年的数据表明，我国流经城市的河段 90% 受到了严重污染，75% 的湖泊出现了富营养化。

此外，城市地区土地利用 / 土地覆被（land use/land cover，LU/LC）的强烈变化，还深刻影响着地表水和地下水的相互转化过程，硬化地表阻断了雨水的自然渗透及补给地下水的有效通道。由于地表水遭受越来越严重的污染，面对日益增多的工业、生活用水需求，人类转而对地下水无节制地进行开采。渗透量的减少与地下水的过度开采，使得城市地下水位不断下降，导致了诸如“地下漏斗”等一系列环境负效应。

1.2　传统雨洪管理模式与体制的弊端

在我国现行的城市规划体系中，涉及城市雨洪管理的专项规划主要有排水（雨水）工程规划和防洪规划。城市防洪规划和排水（雨水）工程规划应对暴雨的指导思想均是传统的“以排为主”的雨洪管理理念，采取管网工程（灰色基础设施）“硬排水”模式，将雨水几乎全部通过城市雨水管网系统收集、排放至受纳水体，较少考虑雨洪调蓄、水质保护、资源化利用等措施和技术。这种单纯依赖人工工程设施的雨洪管理理念和排水模式，缺少相应的自然生态雨洪调控设施，使得由城市下垫面硬化带来的短时雨水管网排放压力剧增，加之管网规划设计的不合理、排水设施的不健全和建设标准较低以及维护管理等因素，往往造成暴雨径流短时高峰无法及时排放，加剧了城市暴雨内涝的发生频率。近年来，北京、广州、南京、上海、成都等大中城市不断出现城市内涝的情况。此外，大量的雨水资源通过不可渗透表面直接进入城市雨水管道，未经处理的地表径流，尤其是初期降雨径流，给受纳水体带来了极大的生态环境压力，极易造成城市地区水生态环境的进一步恶化，导致水资源短缺的局面。

1.3 海绵城市生态雨洪管理模式

单纯依赖灰色基础设施（管网工程设施）的传统雨洪管理的弊端已经凸显，因而必须引入生态雨水基础设施（ecological stormwater infrastructure，ESI）视角下的海绵城市低影响开发理论，从传统的工程管网“硬排水”模式发展到生态雨洪管理（ecological stormwater management，ESWM）的“软排水”模式。在国外先进的雨洪管理理念中，景观生态与雨洪管理的结合已成为趋势，许多国家的雨洪管理理念已经从传统的简单管渠排水的工程技术层面发展到与景观生态设计紧密结合的生态雨洪管理理念，充分发挥城市自然生态系统在涵养水源、调蓄雨洪、水质保护、雨水资源化利用等方面的生态系统服务价值（ecosystem services value，ESV），通过科学合理的规划设计，维护和提升城市自然水文循环过程进而实现城市的永续发展。

2013 年 12 月 12 日习近平总书记在中央城镇化工作会议上，提出建设自然积存、自然渗透、自然净化的“海绵城市”。针对目前城市出现的水生态破坏、水资源短缺、水环境污染、水安全风险、水文化消失等问题，海绵城市遵循“渗、滞、蓄、净、用、排”的六字方针，统筹考虑内涝防治、径流污染控制、雨水资源化利用和水生态修复等城市雨洪管理综合目标，把雨水的渗透、滞留、集蓄、净化、循环使用和排水密切结合，倡导推广和应用低影响开发建设模式，有效利用自然或近自然排水系统——生态雨水基础设施，建设“自然呼吸”的海绵型城市。

1.4 城市新区海绵城市建设意义

高密度聚居的集约型城市发展模式，使得大多数中国城市下垫面的变化强度、对自然滞蓄能力的人为破坏程度、城市降雨径流污染负荷都远高于其他一些国家城市，中国城市面临着比国外城市更加严峻的雨洪问题。在当前中国快速城市化时期，城乡一体化进程显著加快，城市新城运动方兴未艾，多数大、中城市均采取“老城做减法、新城做加法”的城市发展理念，城市新区已经成为我国城市化进程中的建设主体。随着新城的开发建设，必将使得其土地利用 / 土地覆被和下垫面产汇流特征发生显著改变，因而城市新区是未来城市雨洪管理的重点区域。

相对于旧城而言，城市新区往往规划有较高的城市绿地率、较多的自然生态保护用地，以及相对完善、健全的规划体系，这些都为生态雨洪管理的实现提供了较高的可行性。由于我国城市新区规划、建设与管理体制、自然地理环境、社会经济发展情况等与国外不尽相同，为规避现有旧城出现的诸多雨洪管理问题，必须引入具有前瞻视野的、创新性的生态雨洪管理理念，系统建立一套完善的、具有中国特色的城市新区海绵城市生态雨洪管理的理论、方法与体系，实现城市水资源的可持续管理。

第 2 章 国外生态雨洪管理

2.1 国外生态雨洪管理模式与体系

一些发达国家已经形成了相对完善的、适合本国技术法规体系的现代城市生态雨洪管理模式体系，并将其很好地应用于城市景观和基础设施的规划设计与建设中。例如：美国创立了最佳管理措施（best management practices，BMPs）、低影响开发（low impact development，LID）、精明增长（smart growth，SG）模式；英国推行可持续城市排水系统模式（sustainable drainage systems，SUDS）；澳大利亚提倡水敏感城市设计模式（water sensitive urban design，WSUD）；新西兰制定了低影响城市设计和开发策略（low impact urban design and development，LIUDD）；此外，还有德国的洼地—渗渠系统模式（mulden rigolen system，MR），新加坡也制定了本国的 ABC 水计划（active & beautiful & clean，ABC，活跃—美丽—洁净水项目）。

2.1.1 最佳管理措施

最佳管理措施（BMPs）是美国 20 世纪 70 年代提出的雨水管理技术体系，最初其关注的焦点是非点源污染的控制，通过单项或多项最佳管理措施组合来预防或控制非点源污染，确保受纳水体的水质达标。在 1972 年通过的美国联邦水污染控制法修正案（Federal Water Pollution Control Act Amendment，FWPCA）中，首次从立法层面提出了 BMPs 的概念。在 1987 年颁布的清洁水法案的修正案（Amendment to the Clean Water Act）中，制定了关于非点源污染控制的条款。经过数十年的发展，2003 年出台的第二代 BMPs 已经发展为针对暴雨径流控制、土壤侵蚀控制、非点源污染控制等的雨水综合管理决策体系，也更为强调与自然条件（植物、水体等）结合的生态设计和非工程性的管理办法。美国环保署将 BMPs 定义为“特定条件下用于作为控制雨水径流量和改善雨水径流水质的技术、措施或者工程设施的最具成本效益的方式”。

BMPs 体系包括工程性措施和非工程性管理措施两部分（USEPA，2005），非工程性管理措施关注对径流的源头控制，工程性措施是对污染物扩散途径和过程控制以及终端治理。工程性措施主要包括滞留池、渗透设施、雨水塘、雨水湿地、生物滞留设施以及过滤设施等源头控制 BMPs（source control BMPs）和处理 BMPs（treatment BMPs）；非工程性管理措施则指各种源头控制或污染预防的行政法规和管理性措施，如：土地使用规划、城市环境管理、街道清扫、垃圾管理等，它可以有效控制污染物并且减少工程性措施的需要。BMPs 的目标有以下几个方面和层次：洪涝与峰流量控制、污染物控制准则、水量控制、地下水回灌与受纳水体的保护标准、生存环境保护和生态可持续性战略（即：生态敏感性雨洪管理）。目前，BMPs已在全球包括美国、意大利、德国、日本在内的许多国家广泛运用。在全美范围内不同的州和地方政府都制定了大量的有关BMPs的法律、法规和政策，并实现了多个成功案例，例如：佛罗里达州埃佛格雷地区（Florida Everglades）生态系统复建规划案例中的奇色米河（Kissimmee River）的复建、俄奇却比湖（Okeechobce Lake）的保护以及营养盐减量计划（ENR project）。

2.1.2 低影响开发

低影响开发（LID）是在BMPs的实践中发展起来的城市雨水管理的新概念，由于经典BMPs体系主要通过末端调控措施（塘和湿地等）来对雨水进行控制，存在占地面积较大，在空间有限的城市区域其应用往往受到限制；建设和维护成本较高；处理效率较低，尤其是在对水环境要求较高的区域，水质往往难以达标；有可能与后续上游的洪峰相遇，产生叠加效应，增加下游地区的雨洪威胁等缺陷。在城市高速发展和扩张的背景下，BMPs管理模式已经不能消除环境造成的强烈影响，1990年最早由美国马里兰州（Maryland）乔治王子县（Prince George's）提出了一种微观尺度的LID理念与技术体系，作为宏观尺度的BMPs的有效补充。LID理念的核心是通过合理的场地设计，模拟场地开发前的自然水文条件，采用源头调控的近自然生态设计策略与技术措施，营造出一个具有良好水文功能的场地，最大限度地减少和降低土地开发导致的场地水文变化及其对生态环境的影响。

与BMPs相比，LID强调通过分散式、小规模调控措施对雨水径流源头进行控制，更多体现的是一种贯穿于整个场地规划设计过程的场地开发方式和设计策略。LID设计通常需要综合渗透、滞留、储存、过滤及净化等多种控制技术，主要分为保护性设计、渗透技术、径流储存、径流输送技术、过滤技术、低影响景观等六部分，见表2-1。

LID技术体系分类　　表2-1

项目	技术说明
保护性设计	通过保护开放空间，减少不透水区域的面积，降低径流量
渗透技术	利用渗透减少径流量，处理和控制径流，补充土壤水分和地下水
径流调储	对不透水面的地表径流进行调蓄、利用、渗透、蒸发等，削减径流排放量和峰值流量，防止侵蚀
径流输送技术	采用生态化的输送系统，降低径流流速，延缓径流峰值时间等
过滤技术	通过土壤的过滤、吸附、生物等作用，处理径流污染，减少径流量，补充地下水，增加河流的基流，降低温度对受纳水体的影响
低影响景观	将LID措施与景观相结合，选择适合场地和土壤条件的植物，防止土壤流失并去除污染物等，有效减少不透水面积、提高渗透潜力、改善生态环境等

资料来源：车伍等，《发达国家典型雨洪管理体系及启示》，2009。

LID体系也包含结构性措施和非结构性措施两种策略，结构性措施主要有：生物滞留池或雨水花园、植被浅沟、植被过滤带、洼地、绿色屋顶、透水铺装、种植器、蓄水池、渗透沟、干井等；非结构性措施，包括街道和建筑的合理布局、增加植被面积和可透水路面的面积等。相对于传统的雨洪管理措施（管道、BMPs 塘—湿地），LID 具有适用性强、造价与维护费用低、运行维护简单、多功能景观等优点，并且可以减少集中式 BMPs 设施的使用，已经被美国、加拿大、日本等一些国家应用于城市基础设施的规划、设计与建设领域。例如：美国西雅图市和波特兰市的绿色街道项目、波特兰市会议中心雨水花园（图 2-1）以及波特兰塔博尔山中学雨水花园案例（2007 年 ASLA 专业奖）等。

图2-1 美国波特兰市雨水花园案例

（图片来源：景观中国网站www.landscape.cn）

2.1.3 可持续城市排水系统

可持续城市排水系统（SUDS）模式是英国为解决传统排水体制产生的多发洪涝、水体污染和环境破坏等问题，在 BMPs 的基础上发展建立的本土化的雨水管理措施体系。英国国家可持续城市排水系统工作组于 2004 年发布了《可持续排水系统的过渡期实践规范》报告，提出了英格兰和威尔士实施可持续城市排水系统的战略方法以及详细的技术导则。SUDS 将长期的环境和社会因素纳入城市排水体制及排水系统中，综合考虑径流水质与水量、城市污水与再生水、社区活力与发展需求、野生生物提供栖息地、景观潜力和生态价值等因素，从维持良性水循环的高度对城市排水系统和区域水系统进行可持续设计与优化，通过综合措施来改善城市整体水循环。

图 2-2 所示的 SUDS 雨水径流管理链清楚地说明了 SUDS 是由四个等级组成的管理体系：管理与预防措施、源头控制、场地控制以及区域控制。首先是利用场地设计和家庭、社区管理，预防径流的产生和污染物的排放；其次是在源头或接近源头的地方对径流和污染物进行源头控制；最后是较大的下游场地和区域控制，对来自不同源头、不同场地的径流统一管理（通常使用湿地和滞留塘），其中管理与预防措施、源头控制两级处于最高等级，SUDS 强调从径流产生到最终排放的整个链带上对径流的分级削减、控制，而不是通过管理链的全部阶段来处置所有的径流。

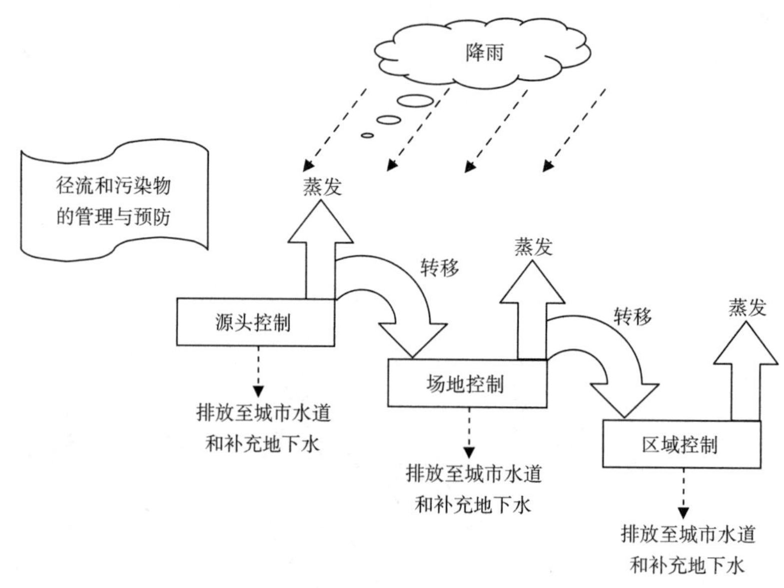

图2-2　SUDS雨水径流管理链

（图片来源：参考Paul Shaffer. SUDS Management Train，2005绘制）

SUDS 的技术措施类似于 BMPs 和 LID 技术，也可以分为源头控制、过程控制和末端控制三种途径，以及工程性、非工程性两类措施，这些技术和措施相互配合，贯穿于整个雨水径流的管理链。目前，英国的英格兰、威尔士、苏格兰等地区以及爱尔兰、瑞典等国家已经广泛推行 SUDS 体系，例如：在英国伦敦地区的哈罗（Harlow）新城的规划和建设中，运用 SUDS 对地表径流和潜在的污染源进行有效管理，给居住区、商业开发区和工业场地带来了良好的利益。

2.1.4　水敏感城市设计

水敏感城市设计（WSUD）是澳大利亚从 20 世纪 90 年代末，针对传统城市排水系统所存在的问题发展起来的一种雨水管理模式和方法，最早在 1994 年由 Whelan 等人提出。WSUD 体系的核心观点是把城市水循环作为一个整体，认为水是城市宝贵的资源，将雨水、供水、污水（中水）管理视为水循环中相互联系、相互影响的环节，加以统筹考虑（图 2-3）。与 BMPs、LID 等相比，WSUD 的核心也是雨水管理，但涉及的内容更为广泛和全面，还包括：减少流域之间水的传输（给水供应、废水排放）以及城市区域雨水的收集利用等内容。

WSUD 倡导将水文循环和城市规划、设计、建设发展过程相结合，认为城市的基础设施、建筑形式应与场地的自然特征一致，通过合理设计、利用具有良好水文功能的景观性设施，让城市环境设计具有“可持续性”，从而减少对结构性措施的需求，减少城市开发对自然水循环的负面影响，保护敏感的城市水系统的健康，并提升城市在环境、游憩、美学、文化等方面的价值。

WSUD 的关键性原则有：保护现有的自然特征和生态系统；维持汇水区的自然水文条件；保护地表和地下水的水质；降低管网系统的需求；减少排放到自然环境中的污水

量；将一系列雨水、污水技术与景观相结合。在 WSUD 的雨水管理系统中，具体的技术措施及体系与 BMPs、LID、SUDS 类似。WSUD 体系提出了一系列将雨水管理纳入城市规划设计与景观设计的实现途径和措施，旨在改变传统的城市规划设计理念，实现城市雨水管理的多重目标。目前澳大利亚全境尤其是墨尔本（Melbourne）流域已经大范围推行 WSUD 体系，并开发出了城市暴雨管理概念模型软件（model for urban stormwater improvement conceptualization，MUSIC）。

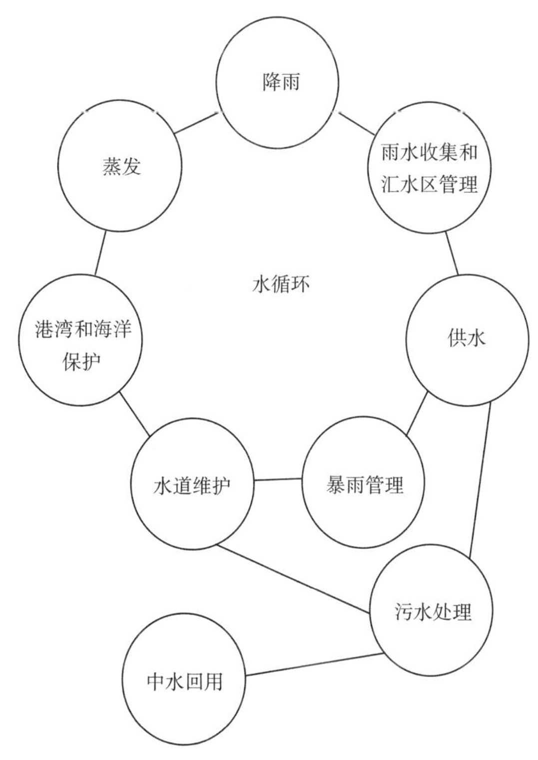

图2-3 WSUD中的水循环系统

（图片来源：参考Melbourne Water, WSUD Key Principles，2009绘制）

2.1.5 低影响城市设计和开发

低影响城市设计和开发体系（LIUDD）是新西兰在借鉴 LID、WSUD 等体系的基础上发展而来的。LIUDD 试图通过一整套综合的方法避免传统的城市发展所带来的社会、经济、自然的系列负面影响，保护陆地和水生生态系统的完整性。LIUDD 可以看成是多种理念的综合，LIUDD = LID（低影响开发）+ CSD（小区域保护，conservation sub-divisions）+ ICM（综合流域管理，integrated catchment management）+ SB/GA（可持续建筑 / 绿色建筑，sustainable building/green architecture）。

LIUDD 的关键性原则可以分为三个层次，上一层次的原则被融入下一层次原则中，并被细化。LIUDD 体系中的首要原则也是最重要的原则：人类的活动要遵从自然生态系统的物质循环和能量流动，最大限度地减少负面效应，实现 ICM 的最优化方案。LIUDD

将流域视为城市规划、设计与管理的基本空间单元，每个空间单元的生态承载力是土地利用和水资源利用优化设计时考虑的核心问题。第二层次的原则包括：选择城市发展区域中最适宜的场地；有效采用基础设施和保护、设计生态设施；减小空间单元的输出和输入。第三层次的原则主要包括：利用 CSD 方法（分散式）来保持开放空间和提高基础设施的效率；利用“三水”（供水、废水及雨水）的水资源综合管理（integrated waters management，IWM）来削减污染和保护生态，优化生态系统循环。当雨水管理的非工程措施的边际成本显著高于其边际效益，不得不采用工程措施时，LIUDD 强调采用生态和近自然的工程措施，如：下渗、截留和蒸发等。

2.1.6 洼地—渗渠系统

德国是欧洲开展城市雨水管理实践的典范，也是最早提出“径流零增长”暴雨管理理念的国家之一。在 1996 年的德国联邦水法补充条款中提出了“水的可持续利用”理念，强调“排水量零增长”。洼地—渗渠系统（MR）是该理念的良好体现,其核心组件是洼地、渗渠和排水管道，雨水径流就地汇流至洼地中短期储存，并通过排水管道（管道带孔且有可调节的溢流阀）连接到渗渠中进行长期储存、渗透。

MR 系统设计灵活，适用范围广，已经被实践证明是行之有效的暴雨径流就地消纳与处理措施，目前在全球范围尤其是欧洲大陆被广泛采用，例如：德国汉诺威市（Hannover）为 2000 年汉诺威世博会而开发的康斯柏格（Kronsberg）居住小区案例（图 2-4）。

图2-4 汉诺威市康斯柏格居住小区的洼地—渗渠系统

（图片来源：蔡永立 摄）

2.1.7 国外雨水管理的法律法规与激励政策

美国联邦、州、县等各级政府都积极立法，制定完善的法律体系，以实现雨水的科学管理。美国国会分别在 1972 年、1987 年、1997 年颁布了联邦水污染控制法（Federal Water Pollution Control Act Amendment，FWPCA）、水质法案（Water Quality Act，WQA）和清洁水法（Clean Water Act，CWA），强制要求对所有新建或改建开发区实行“就地滞洪蓄水”，即开发后的雨水下泄量不得超过开发前的水平。20 世纪 90 年代，联邦政府又制定了国家污染物排放削减许可制度（national pollutant discharge elimination system，NPDES），要求市政分流制暴雨管道系统的所有者或经营者必须采取相应的污染源控制措施，获取 NPDES 暴雨排放许可证。在联邦法律基础上，佛罗里达州、宾夕法尼亚州、科罗拉多州等相继制定了各州的法律法规和雨水利用条例，从立法层面强调对暴雨径流及其污染的控制。

除了制定雨水排放许可制度外，美国联邦和各州政府还采取了总税收控制、政府补贴与贷款、发行义务债券等一系列的经济激励手段，鼓励业主采用新的雨水处理与利用方式。1980 年以来美国一些地区，如：科罗拉多州的科林斯堡市（Fort Collins）、华盛顿州的奥林匹亚市（Olympia），根据综合径流系数或不透水地表面积，以社区为单位，建立了雨水排放费（税）征收机制；俄勒冈州的波特兰市（Portland）于 2000 年、2001 年相继制定了“清河雨洪管理减税政策”和“城市中心区生态屋顶建设的容积率奖励办法”，并于 2006 年正式执行“雨水排放减税计算模型及计费系统”。

在欧洲，2010 年英国议会通过了《洪水与水管理法案》，规定所有新建项目都必须采用 SUDS 系统，并由环境、食品和农村事务部负责制定关于 SUDS 系统设计、建造、运行和维护的国家标准。德国于 1986 年、1996 年两次对联邦水法进行修订，加入义务节水与保障水供应的总量平衡、水的可持续利用与排水量零增长等内容。以联邦水法为导向，德国各州相继出台了地区法规或法律条文，要求加强自然环境的保护与水的可持续利用。此外，德国在 1980 年颁布了针对城市再开发区的《绿屋顶法案》（Green Program）；1989 年又通过立法规定，所有平顶工业建筑必须实施屋顶绿化。

此外，德国还通过征收高额的雨水排放费等经济手段鼓励用户采用雨水利用措施，有力地促进了雨水处置与利用的理念与方式的转变。各个城市根据生态法、水法以及地方行政费用管理条例等的规定，制定各自的雨水排放费征收标准（和污水排放费用一样，通常为饮用水水费的 1.5 倍左右），结合当地降水情况、业主所拥有的不透水地面面积，计算出应缴纳的雨水费。对于主动收集使用雨水的业主，政府不仅免于征收雨水排放费，还可获得一定数额的“雨水利用补助”经济奖励。

2.2 国外生态雨洪管理案例

2.2.1 美国康涅狄格州水处理场公园

康涅狄格州水处理场位于美国纽黑文市市郊，濒临米尔河流域底部的惠特尼湖。在每 1 平方英尺[①] 只有 5 美元的有限预算下，该项目完成了景观、建筑、审美之间的艺术互动，同时也体现了实施雨洪管理所带来的经济价值。

该设计首先通过对场地地形的处理，将雨水收集到一个可以补给地下水位的水塘里，通过沼泽地引导地表径流经过农田、山谷、草地等景观。在这些过程中，地面雨水径流

① 1平方英尺约为0.09m^2。

的流向得以控制和利用。雨水通过预先设计的“山谷”进行传输，在这个过程中，一部分雨水完成了下渗和过滤，剩余雨水流经下游的几个雨水塘中，进行下一步的过滤渗透和净化，最后这些经过净化的雨水排入相邻的河道中。其次场地的建筑设计为绿色屋顶，场地的暴雨和屋顶上的雨水从其流过后得到了充分的过滤和净化。在植物的设计上，突出了季相和质地的变化，这些植物在发挥吸收和净化雨水作用的同时也在发生自身的自然演化。最终这些因素的完美结合向人们讲述了一个关于水处理厂工作流程的故事，成为将社区公共空间营造、生态可持续景观、雨水利用三者有机结合的多功能土地利用范例，而且最后的品质是如此之美（图 2-5）。

图2-5　康涅狄格州水处理场公园

（图片来源：http://www.chla.com.cn/html/c183/2010-06/58919p4.html）

2.2.2　美国波特兰雨水花园

波特兰雨水花园位于俄勒冈州会议中心的延伸地带，此项目不仅巧妙地解决了雨水排放和过滤的问题，同时还创造了优美的景观环境空间。雨水花园主要由叠水体系、石材体系、植物体系构成。

叠水体系主要通过一系列小瀑布、浅滩、玄武岩堰分隔的水池串联形成。此种做法具备减缓暴雨流速的作用，给予雨水充足的时间来完成下渗。雨水在水渠底部的青石板上流滴，边缘的鹅卵石使多余的水很快渗透到地下。同时为了营造人工湿地的自然环境，在鹅卵石和细碎的石头间种植乡土水生植物，这些植物在对污染物进行过滤的同时其根系又起到了固定碎石和沙土的作用。每一个水池积满水之后，雨水将从水池边溢出流入下一个水池，而沉淀物、污染物则在池底过滤分解，最后多余的已经净化的水被排放汇入城市排水管道之中。由这几个系统的完美结合形成一个集雨水收集、滞留、净化、储存等功能于一体的同时兼具良好景观价值的生态系统，其开创性的实践在后期被其他很多地方借鉴学习（图 2-6）。

2.2.3　零能耗的英国贝丁顿生态社区

贝丁顿所在的英国南部地区属于典型的温带海洋性气候，气候温和，四季湿润，温差较小，一年当中气温通常最低不低于 -10℃，最高不超过 32 ℃。英国冬季由于雨水较多，日照时间较短，这样阴冷的天气使得接近半年的时间需要使用暖气；而夏季则要舒适很多，短暂的高温过后是一个凉爽的夏天。

设计目标：建成一个零化石能耗发展社区，即整个小区只使用可再生资源产生满足居民生活所需的能源，尤为强调对阳光、废水、空气和木材的可循环利用，不向大气释放二氧化碳，其目的是向人们展示一种在城市环境中实现可持续居住的解决方案以及减少能源、水和汽车使用率的各种良策（图 2-7）。

图2-6 波特兰雨水花园

（图片来源：http://blog.zhulong.com/blog/detail4406256.html）

图2-7 英国贝丁顿生态社区

（图片来源：http://www.calid.cn/2016/03/7314）

1. 雨水源头减排与收集

屋顶雨水收集：每栋房子的地下都安装有大型蓄水池，屋顶雨水通过过滤管道流到蓄水池后被储存起来。蓄水池与每家厕所相连，将雨水用于冲洗马桶。

住宅的屋顶雨水缓滞：用景天属植物减缓雨水流到地表的速度，防止因雨水流速过快导致地表积水。

停车场雨水收集：用带孔地砖铺砌，以减少地面径流。

雨水传输与调节：经屋顶花园、路面和铺地流走的雨水被排向社区入口一侧曾经干涸的渠道里，形成水景，增添野趣。

2. 废水利用

每家都安装了小型生物污水处理设备，称作“生活机器”（living machine）。可以将污水中的养分提取出来作为肥料，污水处理后与收集的雨水一起用来冲洗厕所。冲厕所后的废水经过生化处理后一部分用来灌溉生态村里的植物和草地，一部分重新流入蓄水池中，继续作为冲洗用水。

3. 节水措施

在厨房中安装醒目的水表，以鼓励节水。节水装置：节水喷头（每分钟水流量为14L，普通喷头为20L），节水龙头（每分钟流水量为7L，普通水龙头为20L），双冲马桶（一次冲水量2～4L，普通马桶为9.5L），以及小容量浴缸。

2.2.4 澳大利亚爱丁堡雨水花园

此雨水公园位于爱丁堡公园内，能为周围的树木等植被和运动场提供经过处理的灌溉雨水，既为美丽的公园增加了一道独特的景观，又提高了游客兴趣，还具有非凡的深刻意义。雨水公园的建设解决了当地饮用水和灌溉水的双重危机。公园里有各种水景景观和相应的设施，能收集储存雨水，进行水体净化并通过分流管分流给需要的区域。水源经过过滤介质和各种植被的自然作用实现净化，公园里的四个平台方便游客欣赏景色，进行户外活动。经过设计，整个的雨水花园每年将吸收16000kg的固体悬浮颗粒，同时通过植物生长吸收160kg的营养盐、氮等一些元素，减少垃圾产量。同时地下储存的过滤水将达2×10^5L，提供每年公园所需灌溉水的60%（图2-8）。

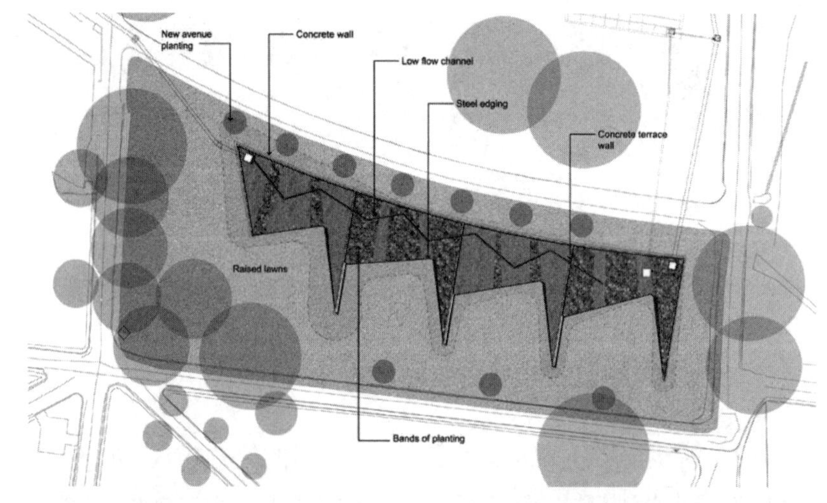

图2-8 澳大利亚爱丁堡雨水花园

（图片来源：http://www.landscape.cn/news/events/project/foreign/2012/1030/54192.html）

2.2.5 德国柏林波茨坦广场

德国柏林的波茨坦广场是一个屡获殊荣的水景项目，由 Dreiseitl 工作室设计。广场的设计将水资源的可持续利用和娱乐结合起来，使城市市民和游客深刻感知水环境问题。除了生态效益，水环境还具有文化和艺术的气息，吸引了众多在此休闲和办公的人们。

广场上的建筑物共有 30000m^2 的屋顶绿化，可以减少大约 60% 的机械冷却成本。这种措施不仅可以使夏季的气温降低 2℃，还可以节省能源。屋顶绿化收集来的雨水，可以用于整个广场的灌溉、灭火系统和公厕用水。

广场内有五个大型地下蓄水池，在降雨过多的季节内，多余的雨水通过人行道和街道，慢慢地流入蓄水池中。在流入蓄水池的途中，会经过街道和人行道旁的植被群落，雨水通过生物过滤床被净化，过滤后的水成为高质量的水，含有丰富的氮、磷、氨、氮、亚硝酸盐等营养元素，非常适合水生植物的生长（图 2-9）。

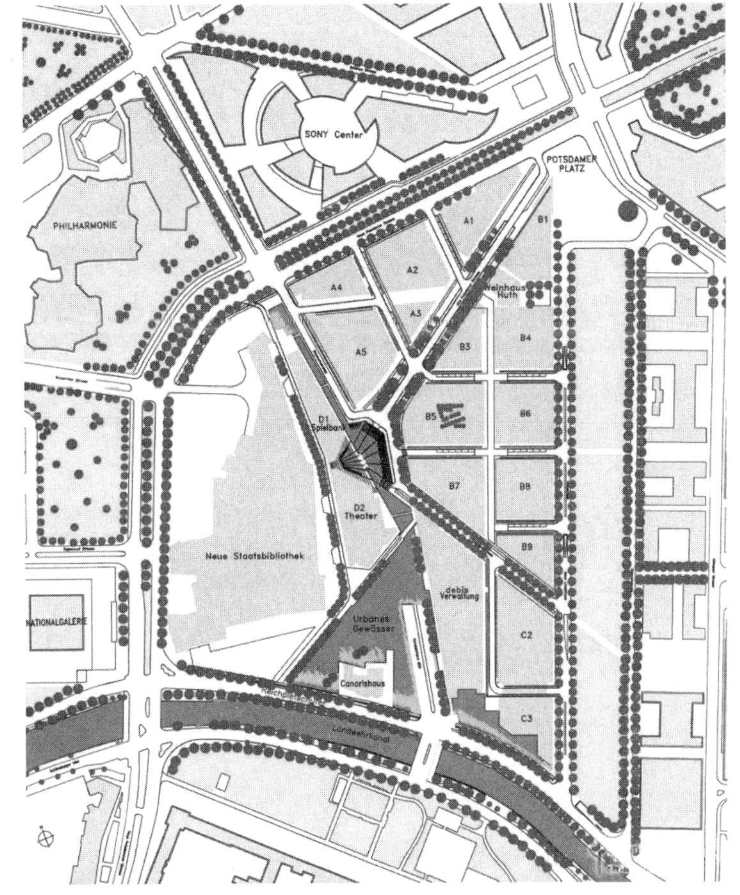

图2-9 柏林波茨坦广场

（图片来源：http://www.landscape.cn/works/photo/waterfront/2015/0209/172652.html）

2.2.6 新加坡碧山宏茂桥公园

碧山宏茂桥公园是 ABC 水计划实施的典范项目。实用性的排水沟渠、河道、蓄水池成为充满生机且美观的溪流、河湖，并整合周边土地开发，创建出崭新的滨水休闲文化与社区活动空间（图 2-10）。

图2-10　碧山宏茂桥公园

（图片来源：http://www.calid.cn/2015/09/770）

1. 河流改造

2.7km 的垂直排水系统已经被改建成蜿蜒于整个公园的 3km 的流水系统。连续流畅的蓝色水域与绿色种植交织呼应，融为一体。市民可以在清澈的水边嬉戏、玩耍，设计充分利用水的自然特性，创造出与河流玩耍的互动体验。公园的软景河岸使得人们更容易接近水。同时在遇到特大暴雨时，紧挨公园的陆地，可以兼作输送通道，将水排到下游。这是一个启发性的案例，城市公园作为生态基础设施，并与水资源巧妙融合，从而起到洪水管理、增加生物多样性、提供娱乐空间等多重功能。由于人们和水的亲密接触，同时提高了居民对保护水资源的责任心。

2. 雨洪管理

这一项目成为热带地区首个应用土壤生态工法技术稳固河岸、保护其免受侵蚀并提供动植物生境的河流自然化的项目，它将为区域内未来的项目提供极其重要的参考。

项目中建造了河流规划的水利模型，用来检测和观测河流的动态变化，探索河流设计的可能节奏。水利模型的建造方便了河流关键部位的确定，在那里水体流动速率高，需要设置高等级的控制土壤侵蚀标准。这样，设计师便能够在这样的位置上配置更多的根基稳固、结实耐用的植物品种，而在大面积的缓坡河岸部位则可应用低密度的柔和植物配置。

在干爽的季节里 ，这些河岸区域可以提供大面积的开敞空间进行各种休闲活动，如放风筝、跑步、野餐等等。而在降雨时节，紧邻河流的公园区域便充当了输水渠道，输送水体向下游流动。这种新加入进来的输水河道能够形成蜿蜒曲折、宽度变幻的多样水流方式，它类似自然界的河流系统，从而能够创造出生态上有价值、自然式、多样化的生境，有益于生物多样性的提升。学习自然界的规则形式，用以改造空间、提供多功能的用途，无疑是城市环境之中有效开放空间设计的关键要旨。

3. 生态净化群落

另外，碧山宏茂桥公园也展示了新加坡首个生态净化群落的设置。它的设置能够提供有效的水质处理,同时也有利于维护自然环境的美观。生态净化群落是自然的清洁系统，通过精心选择的植物来过滤污染物和吸收水中营养物，从而净化水质。生态净化群落位于公园的上游，其可以在不使用化学物质的情况下，维护池塘内水质的清洁。宏茂桥水上乐园使用的水就是生物净化群落过滤净化的水来补充供给的。

2.3 国外生态雨洪管理的启示

国外的城市雨洪管理模式具有以下几点值得借鉴的共同特征：

（1）强调城市发展和场地开发对城市水文系统影响的最小化，保护、利用自然与近自然、生态、低成本的景观生态措施与技术对城市自然水文过程进行维护与提升。

（2）强调从城市土地规划到场地设计的多尺度、多等级、系统性的流域雨洪管理综合体系。

（3）强调从水循环、水安全、水环境、水资源等角度综合考虑，注重城市景观环境与开发建设之间的互利共生。

（4）颁布与雨水管理相关的国家与地方法律法规，对径流总量、峰值流量、雨水排放、径流污染物总量与水质保护等提出严格的量化规定，并制定相应的经济激励政策。

（5）强调生态、环境、景观、规划、水利、市政、农林、建筑、社会与城市管理等多学科、多专业、多部门的学者、工程技术和管理人员以及非政府组织（non-government organization，NGO）和社区公众的广泛参与和配合，尤其强调规划部门的核心作用。

第 3 章　国内海绵城市建设

3.1　国内海绵城市建设总体情况

中国住房和城乡建设部在 2014 年 10 月编制了《海绵城市建设技术指南——低影响开发雨水系统构建（试行）》，部分内容涉及海绵城市绿地的规划设计与建设。该导则主要参考了美国关于低影响开发（LID）雨水系统等方面的理论研究与实践经验。2015 年 4 月，财政部、建设部、水利部联合推进海绵城市试点工作，公布了首批 16 个试点城市（新区）名单。此后，深圳、南宁、武汉等城市相继制定了海绵城市（低影响开发）规划设计导则或规范（试行）。2015 年 10 月，国务院办公厅颁布《关于推进海绵城市建设的指导意见》（国办发 [2015]75 号），从国家层面战略性地推进我国海绵城市的建设，明确指出推广海绵型公园和绿地，增强公园和绿地系统的城市"海绵体"功能，并首次提出了径流总量控制的海绵城市量化工作指标：70% 的降雨就地消纳和利用；到 2020 年，城市建成区 20% 以上的面积达到目标要求；到 2030 年，城市建成区 80% 以上的面积达到目标要求的工作目标。

3.2　国内海绵城市实践案例

当前，海绵城市建设实践如火如荼，北京奥林匹克公园、深圳光明新区、六盘水明湖湿地公园、上海世博会城市最佳实践区、镇江金山湖地区、东莞万科建研中心等成功实践案例不断涌现。

3.2.1　深圳光明凤凰城绿环（图 3-1）

深圳光明新城中心是深圳中部发展轴上的重要节点，该项目将光明新城的带状绿地、街区公园、区域公园、地铁站绿地、高铁站绿地 5 种绿地运用前瞻规划理念和综合城市开发的手法，连接在一起形成一个生态复合绿环（green loop）。

该项目以"EOD + DEEP = park is the way home"（EOD：ecology-oriented development，生态导向发展模式；DEEP：design+ecology+economic+planning，）的规划设计理念，构建了一个相对完整的海绵城市生态网络体系，包括：

（1）生态草沟 + 生态河道 = 一条线性生态廊道串联的海绵 DNA。

（2）绿色屋顶 + 雨水花园 = 数个兼具生态脚踏石功能的海绵细胞体。

（3）一条线性生态廊道串联的海绵 DNA + 数个兼具生态脚踏石功能的海绵细胞体 = 海绵城市生态网络。

3.2.2 浙江金华燕尾洲公园（图3-2）

图3-1 深圳光明凤凰城绿环

（图片来源：http://www.calid.cn/2015/10/2075）

该项目通过一个实验性工程，探索了如何通过设计，实现景观的生态、社会和文化的弹性。设计策略包括：保留自然与生态修复的适应性设计；与水为友的弹性设计；连接城市与自然、历史与未来的弹性步桥；动感流线编织的弹性体验空间。

该项目重点探索了如何与洪水为友，建立适应性防洪堤、适应性植被和百分之百透水铺装的设计，以此来实现景观的生态弹性；建立适应多方向人流的步行和桥梁系统，形成社区纽带。灵动的流线设计语言，将场地上的原有流线型建筑、季节性的水流和川流不息的人流有机地编织在一起，解决了瞬时人流和日常休闲空间的使用矛盾，创造了富有弹性的体验空间和社会交往空间，实现了景观的社会弹性；设计从当地富有历史和文化意味的"板凳龙"传统舞龙习俗中获得灵感，设计了一条富有动感、与洪水相适应的步行桥，将被河流分割的两岸城市连接在一起，并使河漫滩变成富有弹性的可使用景观，形成了富有诗意的景观，将断裂的文脉连接起来，强化了地域文化的认同感和归属感，实现了景观的文化弹性。

图3-2 金华燕尾洲公园

（图片来源：http://t.zhulong.com/u9683371/worksdetail4488286.html）

3.2.3 深圳万科建研中心

万科建筑研究中心项目于2010年正式启动，2012年大致完工，包括三个方面的核心内容：预制混凝土模块的研发与应用；景观生态水循环处理系统的展示；景观生态材料与手法的试验与应用。该项目是动态的，可进行观察、修改，意在探索如何将景观的艺术与生态结合起来，使生态景观成为可供欣赏、教育和参与的场所（图3-3）。

图3-3 深圳万科建研中心

(图片来源：http://www.youthla.org/2014/09/eco-campus-of-vanke-architecture-research-center/)

1. 雨水流失量的控制

场地中两个小三角形的地块被设计成“波纹花园”，并在一处三角形地块中进行了植物试验。与低矮的灌木和草坪相比较，乔木因为可以延长雨水落地的时间，是雨洪管理中最有效的元素。因此，在这个地块中将乔木种植在三角形坡地的高点，与低矮植被形成对比和参照；由于坡地草坪会使雨水迅速流走，因此采用了波浪形的草坪，不仅从形式上提供了不一样的空间感受，在功能上也增加雨水下渗的时间。草坪的坡度及波浪的坡度可以调整，从而实现最佳的渗透效果，而不会引起积水或流速过快。在半环形的地块中，对不同硬质材料进行了考察。半环形的波浪之间使用了不同的渗水材料（树皮、陶粒、碎石、细沙等），波浪的边界采用溢水设计，可供观察、比较不同材料的溢水量大小。

2. 雨水质量的控制

在“风车花园”，32m高的风车提供了动力，将最初收集的雨水提升到建筑屋顶上，通过屋顶的雨水花园进行曝氧处理，直至跌落到地面的水池，实现初级净化；然后，雨水将流经地面上的植物净化系列水池，设计了用于参观和维护的通道；得到再次净化的水，将通过一个检测阀，达到净化标准的水可以进入一个镜面水池，成为儿童嬉戏活动的场所，未达到标准的水，将会重新回到水循环系统，再次进行净化。以风能为动力，让雨季储存的雨水循环流动，不断净化，直至下一个雨季的到来。这样的雨水花园，尊重地域特点，以节能为根本，同时提供了教育、欣赏、娱乐的可能。

3. 低维护材料

预制混凝土（precast concrete，PC）技术在欧美国家已非常成熟，应用普遍。从外观上，预制混凝土模块的尺寸、颜色、质感与花岗石相差无几。同时，它有着显著的低能耗意义：首先可以避免大面积矿石的开采；其次，在中国，由于施工技术相对落后，所有硬质景观铺装几乎都需要采用混凝土垫层，因此只要采用硬质铺装——无论是用于车行还是人行——都无法实现雨水渗透。而预制混凝土的厚度很大，可以省去混凝土的垫层，从而加强了雨水向地面的渗透，同时，还可以进行异形加工，使得嵌草铺装成为可能。停车场、消防车道这些规范所要求的大面积硬质铺装，应用预制混凝土后其视觉效果和生态意义都能得到提升。除此之外，还设计了多样的 PC 户外构件，比如坐凳、自行车架等。借助模具，其形式可以更加多样，同时具有更强的耐久性，可在中国未来的居住区中普及。

3.3 国内海绵城市建设存在的问题

与实践工作的如火如荼形成鲜明反差的是，国内有关海绵城市的理论研究虽然取得了一定的进步和研究成果，但总体而言，尚处于借鉴国外经验的起步阶段，理论研究在很大程度上滞后于实践，尤其是本土化、地域性研究亟待加强。

特别是对于城市新区，由于地理、自然、社会、经济、文化、发展模式、规划编制体系、建设管理体制等和国外不尽相同，而“海绵体”又属于景观生命支持系统，自身具有较强的地域属性，因而不能照搬照抄国外的成熟模式、体系和实践经验。

此外，海绵城市建设绝对不应该仅仅是“点”上的试点实践工程（植被浅沟、低势绿地、雨水花园、湿地、绿色屋顶等），而更应该在“面”上，从系统性、整体性、全局性的高度去构建“海绵体”体系，进而更科学、有针对性地指导实践工作。

为避免盲目性和试验性的海绵城市建设，亟须在对相关实践经验进行总结、梳理与凝练的基础上，从海绵城市的多目标角度，在不同研究尺度和城市规划层次上，构建本土化、多目标、多尺度、多层次的城市新区海绵城市理论系统与规划方法体系，为我国海绵城市建设实践提供理论支撑与科学指导。

理 论 篇

第 4 章　城市新区海绵城市理论与规划体系

4.1　生态雨水基础设施理论

4.1.1　生态基础设施的概念

生态基础设施（ecological infrastructure，EI）最早出现于 1984 年联合国教科文组织的“人与生物圈计划”（man and the biosphere programme，MAB）中，MAB 在针对全球 14 个城市的城市生态系统研究报告中提出了生态保护战略、生态基础设施、居民生活标准、文化历史的保护及将自然引入城市等生态城市规划五项原则，其中生态基础设施体现自然景观和腹地对城市的持久支持能力。Beatly（2000）定义生态基础设施泛指城市建成区域相对应的自然区域，包含城市绿地系统、林业及农业系统、自然保护地系统，它可以为城市提供新鲜空气、食物、体育、休闲娱乐、安全庇护以及审美和教育等生态系统服务。

生态基础设施从生物保护的角度，可以理解为提供生物栖息地的生态网络，它的另一层含义是“生态化”的人工基础设施，也就是鉴于传统人工基础设施对自然系统的改变和破坏，对人工基础设施采取生态化的设计和改造，来维护自然过程和促进生态功能的恢复。目前，生态基础设施的思想得到了广泛的认可和应用，北美及欧洲的许多城市都在实施生态基础设施计划，如：纽约生态基础设施研究，涉及气候、能量、水文、健康以及政策和成本效益等方面。

4.1.2　生态基础设施的生态系统服务价值

生态基础设施强调以生态系统服务为核心，可以为人类提供自然、社会、经济等方面的多种利益，对于城市生态环境的保护与培育、城市可持续发展具有重要意义，其生态系统服务价值（ecosystem services value，ESV）包括：提供丰富多样的栖息地、乡土生物多样性保护、水土保持、食物生产、调节气候、减缓旱涝灾害、净化环境、废物处理、满足感知需求并成为精神文化的源泉和教育场所、提升居住质量等。

生态基础设施与传统的自然保护地在概念上具有很大的区别，即它强调充分发挥生态基础设施的生态系统综合服务价值，强调自然保护与人类建设开发之间的协调和互利，以较为主动的方式去建设、管理、维护、恢复乃至重建生态空间网络，而不是被动的保留、隔绝。生态基础设施需要的是体系性的、多尺度的规划，前瞻性的建设维护以及主动性的保护和利用。

4.1.3 生态基础设施与绿色基础设施

绿色基础设施（green infrastructure，GI）的概念最早可以追溯到19世纪，在美国著名的规划师与风景园林师弗雷德里克·劳·奥姆斯特德（Frederick Law Olmsted）的设计中就有绿色基础设施理念的雏形。美国保护基金会（Conservation Fund）和农业部森林管理局（USDA Forest Service）1999年对绿色基础设施做出了如下的定义：绿色基础设施是国家的自然生命支持系统（nation's natural life support system），它是一个由自然区域和开敞空间两大类要素所组成的绿色空间网络，包括：河流、湿地、林地、生物栖息地和其他自然区域，以及绿道、公园、农场、森林、牧场、荒野和其他维持原生物种、自然生态过程、保护空气与水资源以及提高社区和人民生活质量的开放空间，这些要素相互联系，共同组成一个有机统一的系统。广义的绿色基础设施可以概括为：它是城市中具有自然生态系统功能的、能够为人类和野生动物提供多种利益的自然区域和其他绿色开放空间的集合体，是城市的自然生命支持系统。

生态基础设施和绿色基础设施具有相近的内涵，从概念上来说，都是相对于传统的灰色基础设施（gray infrastructure）而提出的；从范围上来说，都是指城市中的自然区域；从体系上来说，都强调有机空间网络的建立；从功能上来说，都突出维护城市自然过程和促进生态功能恢复的生态系统服务功能；因而，从本质上而言，生态基础设施与绿色基础设施的概念趋于一致。绿色基础设施在美国的应用十分广泛，涵盖了从全国到社区的多个空间尺度；生态基础设施则主要应用在欧洲的洲际、国家和区域尺度。

4.1.4 生态雨水基础设施理论

将生态基础设施的理论应用于海绵城市生态雨洪管理领域，侧重发挥生态基础设施有关雨洪调蓄、径流削减、水质保护、清洁水源提供等方面的生态系统服务价值，便形成了生态雨水基础设施（ecoligical stormwater infrastructure，ESI）理论。

生态雨水基础设施是海绵城市生态雨洪管理的核心理论，强调生态系统自身可以自然地管理暴雨，注重自然水处理与人工设施之间的协调互动，转变传统的“管网工程硬排水”模式为“近自然生态软排水”模式,用生态雨水基础设施代替（或部分代替）工程管网设施。径流经过生态雨水基础设施处理、滞留和就地入渗后，再进入城市排水管网系统,排放到受纳水体(图4-1)。将生态雨水基础设施和工程管网设施结合起来，共同承担区域的雨洪管理功能，可以规避现有的灰色雨水基础设施的种种弊端，使得城市发展和场地开发对城市水文系统的影响最小化，有效解决城市面临的雨洪生态环境危机。

4.1.5 生态雨水基础设施的类型

1. 根据应用尺度划分

根据应用尺度（或层次）划分，生态雨水基础设施可分为场地、土地利用功能单元、区域或流域等三种从微观到宏观的应用层次，见表4-1。

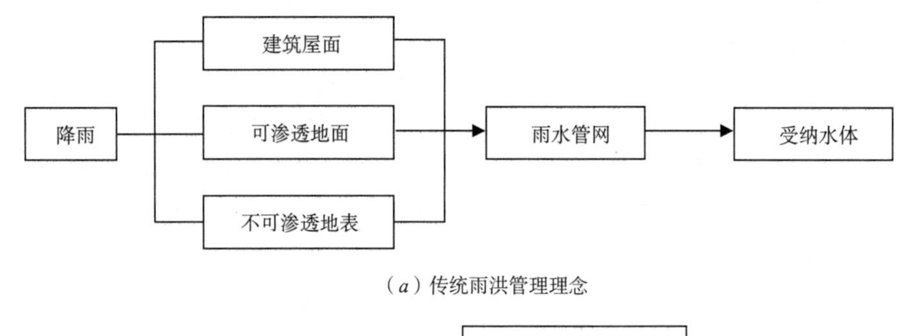

（a）传统雨洪管理理念

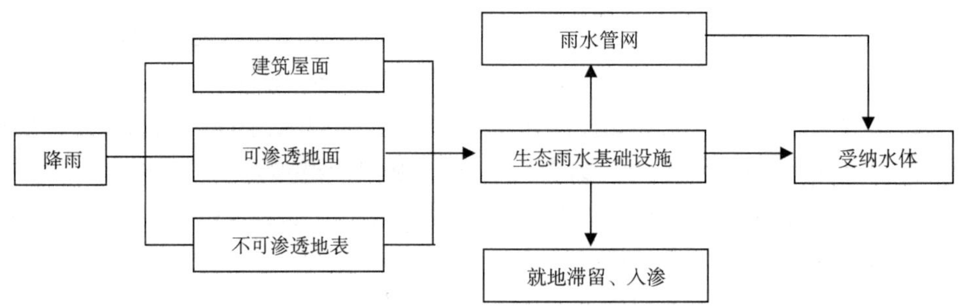

（b）生态雨水基础设施理念

图4-1 传统雨洪管理理念与生态雨水基础设施理念的比较

三种应用尺度的生态雨水基础设施的典型技术措施类型　　表4-1

应用尺度	典型技术措施
场地	绿色屋顶
	透水路面
	植被浅沟/渗透沟渠
	雨水收集回收利用系统（雨桶）
	生物滞留渗透系统（雨水花园）
土地利用功能单元	低势绿地（下凹式绿地）
	生态景观水体/小型雨水湿地
区域或流域	绿色廊道（绿色道路/河岸植被带）
	雨水塘/渗透塘/大中型雨水湿地

2. 根据径流汇流过程划分

根据径流汇流过程和“源头—过程—终端（source-transport-sink，STS）”的多元逐级控制原理，可以将生态雨水基础设施的典型技术措施划分为源头、过程和终端三种类型的生态雨水基础设施。

源头生态雨水基础设施：从源头上对雨水进行控制利用的设施，如：绿色屋顶、可渗透道路/铺装、高位花坛等。

过程与传输型生态雨水基础设施：具有传输功能或对雨水可以进行预处理/小规模处理的设施，如：传输型生态雨水基础设施（渗透沟渠、植被浅沟等）、下凹式绿地（低势绿地）、生物滞留渗透系统（雨水花园）等。

终端生态雨水基础设施：可以对雨水进行大规模或终端处理的设施，如：河岸植被带、大型雨水塘、渗透塘、雨水湿地、生态浮床等。

4.1.6 生态雨水基础设施的比较优势

美国邻里技术中心（Cneter for Neighborhood Technology，CNT）和美国河流协会（American Rivers）对绿色屋顶、植被系统、生物滞留渗透系统、可渗透人行道、雨水收集回收利用系统等五种生态雨水基础设施类型的综合效益进行了总结，见表 4-2。综合而言，生态雨水基础设施相比较于传统的人工管网灰色雨水基础设施，具有生态、社会、经济等多方面的优势。

五种生态雨水基础设施类型的综合效益分析　　表4-2

效益		绿色屋顶	植被系统	生物滞留渗透系统	可渗透铺装	雨水收集回收利用系统
暴雨径流控制	减少水处理需求	●	●	●	●	●
	改善水质	●	●	●	●	●
	减少灰色基础设施建设	●	●	●	●	●
	降低洪涝灾害	●	●	●	●	●
增加水资源供给		○	○	◒	○	●
促进地下水交换		○	◒	◒	◒	◒
减少盐的使用		○	○	○	●	○
降低能源消耗		●	●	○	◒	◒
改善空气质量		●	●	●	●	◒
降低碳排放		●	●	●	●	◒
缓解城市“热岛效应”		●	●	●	●	○
增强社区活力	提升美学价值	●	●	●	○	○
	增加娱乐场所		●	●	○	○
	降低噪声污染	●	●	◒	●	○
	增强社区凝聚力	◒	●	◒	●	○
	都市农业功能	◒	◒	○	○	○
改善栖息地		●	●	●	○	○
增加公众教育机会		●	●	●	●	●

注：●表示确定；◒表示不确定；○表示无此功能。

1. 降低城市洪涝灾害风险

单纯依赖灰色雨水基础设施，往往造成暴雨径流短时高峰无法及时排放，城市洪涝灾害频发。生态雨水基础设施的生态调控措施则可以降低城市径流系数，降低暴雨径流量和峰值，防止水土流失，同时具有调蓄雨洪的功能，可以显著降低洪涝灾害的发生频率。

2. 确保城市水环境健康

灰色雨水基础设施未对降雨径流污染尤其是初期径流进行处理，直接将雨水排放至受纳水体，给受纳水体带来了极大的生态环境压力。生态雨水基础设施则对于地表径流污染物具有良好的去除净化效果，为城市水体减负。

3. 提高雨水资源化利用率

灰色雨水基础设施对于城市宝贵的雨水资源直接排放，生态雨水基础设施则可以增强地下水交换，为雨水入渗、补给地下水和雨水回收利用提供了有效的实现途径。

4. 建设和维护成本低

相比较于灰色雨水基础设施，生态雨水基础设施具有一定投资、运行和维护的成本优势，还能够减少灰色雨水基础设施的建设比例，降低能源消耗和城市建设成本。

5. 提供绿色开敞空间

生态雨水基础设施可以提高城市绿化率，改善城市生态环境，促进区域水循环，也为城市公众提供了具有文化与审美价值的生态低碳休闲游憩、科普教育、人性体验的绿色空间与场所。

6. 提升土地开发价值

生态雨水基础设施可以有效利用城市土地资源，提升区域人居环境品质，促进区域开发和土地升值，实现城市的“精明保护”与“精明增长”。

4.2 城市新区海绵城市生态雨水基础设施规划

4.2.1 生态雨水基础设施的网络体系

生态雨水基础设施强调体系性的生态空间网络，包括BMPs-ESI（最佳管理措施型生态雨水基础设施）、LID-ESI（低影响开发型生态雨水基础设施）以及传输型ESI三个组分：BMPs-ESI是集中式、终端控制的核心ESI，它们虽不是ESI的全部，但是对于区域雨洪管理的影响最大，在城市生态雨洪管理中起着不可替代的关键性作用，BMPs-ESI的建设、管理和维护一般由政府主导。LID-ESI是每个土地开发单元或地块的就地/分散式、源头与过程控制的小型ESI，LID-ESI的建设、管理和维护一般由政府委托或要求建设方、业主（使用者）承担。传输型ESI一般是指绿色道路、绿色水道及生态型管网设施，它们将BMPs-ESI、LID-ESI串联成一个有机的网络，共同形成完整的ESI体系。重点区域的生态雨洪管理由BMPs-ESI、LID-ESI共同承担，而非重点区域，则由LID-ESI承担。生态雨水基础设施网络体系示意见图4-2。

4.2.2 生态雨水基础设施规划的核心内容

海绵城市生态雨水基础设施规划是城市规划的专项规划，其核心是在“近自然软排水”生态雨洪管理（eco-stormwater management，ESWM）理念的指导下，从水循环、水安全、水环境、水资源等不同角度，在不同尺度、不同规划编制阶段，对生态雨水基础设施的类型、规模、布局、结构等进行系统性的保护和规划，形成完整的生态雨水基础设施的网络体系，进而实现城市的可持续雨洪管理和精明增长。

生态雨水基础设施规划具有多目标性以及多领域性，是基于径流削减、洪水与内涝控制、水质保护、雨水资源化利用等雨洪管理目标的多目标规划（图 4-3），它涉及城市给水排水规划、防洪规划、生态用地规划、雨水资源化利用规划、绿地系统规划、水环境规划与管理等领域的交叉与综合。

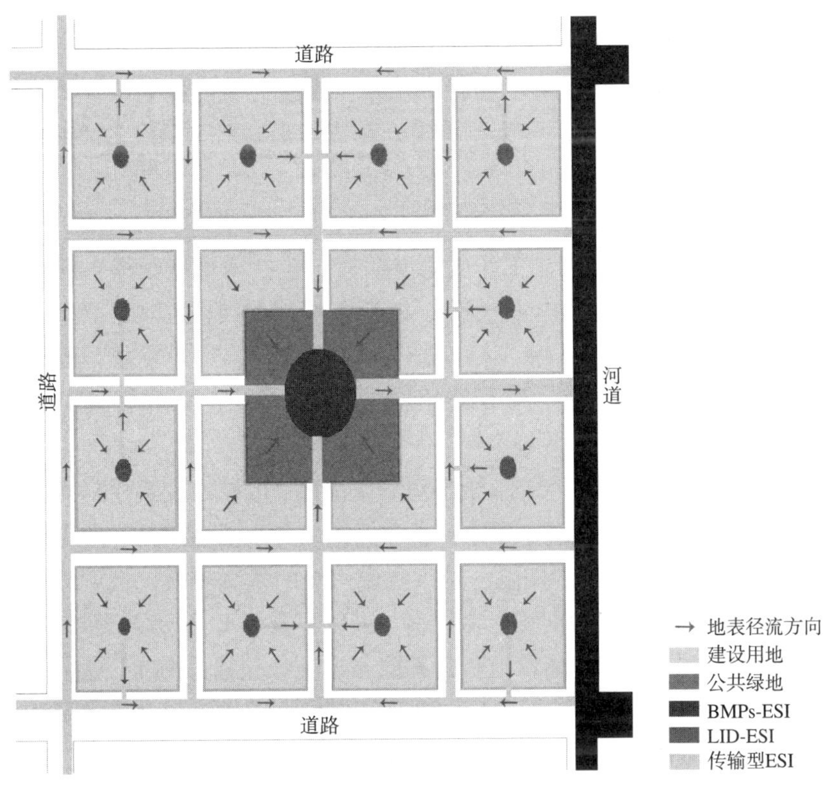

图4-2　生态雨水基础设施网络体系

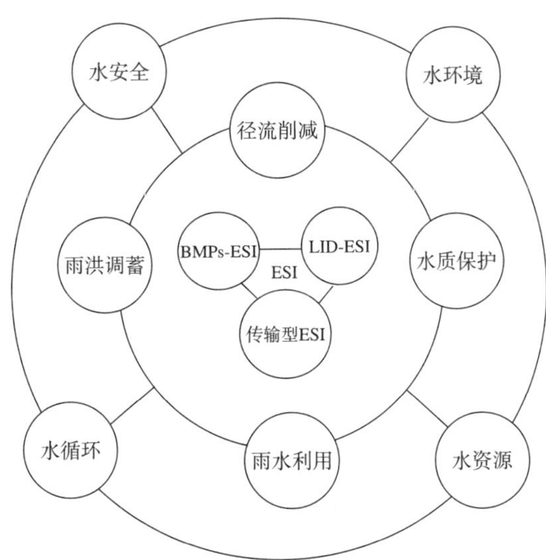

图4-3　生态雨水基础设施规划的内涵

4.3 城市新区生态雨水基础设施规划体系

4.3.1 我国城市规划编制体系解析

城市规划是对城市土地的开发控制，是城市规划法规体系、行政体系、编制和技术体系等在调控利益主体行为上直接或间接的综合反映，体现了政府管理理念、社会价值观以及政府部门对开发行为的引导、衡量和监督。根据《城乡规划法》、《城市规划编制办法》，我国的城市规划编制体系分为总体规划和详细规划两个层次，详细规划又分为控制性规划和修建性规划。

1. 城市总体规划

城市总体规划是城市规划编制工作的第一阶段，包括市域城镇体系规划和中心城区规划。城市总体规划是一定期限内（一般为 20 年）城市发展在宏观层面上的战略部署和发展蓝图，对城市性质、发展目标、人口规模、功能布局、产业发展、资源利用、交通发展和基础设施做出宏观、战略、综合性的总体安排。大、中城市根据需要，可以在总体规划的基础上，组织编制分区规划。

城市总体规划的强制性内容包括：城市规划区范围；市域内应当控制开发的地域，包括：基本农田保护区，风景名胜区，湿地、水源保护区等生态敏感区，地下矿产资源分布地区；城市建设用地，包括：规划期限内城市建设用地的发展规模，土地使用强度管制区划和相应的控制指标（建设用地面积、容积率、人口容量等），城市各类绿地的具体布局，城市地下空间开发布局；城市基础设施和公共服务设施，包括：城市干道系统网络、城市轨道交通网络、交通枢纽布局，城市水源地及其保护区范围和其他重大市政基础设施，文化、教育、卫生、体育等方面主要公共服务设施的布局；城市历史文化遗产保护，包括：历史文化保护的具体控制指标和规定，历史文化街区、历史建筑、重要地下文物埋藏区的具体位置和界线；生态环境保护与建设目标，污染控制与治理措施；城市防灾工程，包括：城市防洪标准、防洪堤走向，城市抗震与消防疏散通道，城市人防设施布局，地质灾害防护规定。城市总体规划和城市分区规划由城市人民政府负责组织编制，具体工作由城市人民政府建设主管部门（城乡规划主管部门）承担。

2. 城市控制性规划

控制性规划作为介于总体规划与修建性规划之间的中间环节，在城市规划管理过程中起着举足轻重的作用，是以城市总体规划或分区规划为依据，对具体地块的土地利用和建设提出控制指标，确定建设地区的土地使用性质、使用强度等控制指标、交通和市政工程管线控制性位置以及空间环境控制的规划。

控制性规划应当包括下列内容：确定规划范围内不同性质用地的界线，确定各类用地内适建、不适建或者有条件地允许建设的建筑类型；确定各地块建筑高度、建筑密度、容积率、绿地率等控制指标，确定公共设施配套要求、交通出入口方位、停车泊位、建筑后退红线距离等要求；提出各地块的建筑体量、体型、色彩等城市设计指导原则；根据交通需求分析，确定地块出入口位置、停车泊位、公共交通场站用地范围和站点位置、步行交通以及其他交通设施，规定各级道路的红线、断面、交叉口形式及渠化措施、控制点坐标和标高；根据规划建设容量，确定市政工程管线位置、管径和工程设施的用地界线，进行管线综合，确定地下空间开发利用具体要求；制定相应的土地使用与建筑管理规定。其中：各地块的主要用途、建筑密度、建筑高度、容积率、绿地率、基础设施和公共服务设施配套规定应当作为强制性内容。城市控制性规划的重点是通过容积率、建筑密度、建筑高度、建筑面积、绿地率等定量规划指标以及规划“七线”，对规划区域进行开发建设控制。控制性规划由城市人民政府建设主管部门（城乡规划主管部门）依据已经批准的城市总体规划或者城市分区规划组织编制。

3. 城市修建性规划

修建性规划是依据已经依法批准的控制性规划，对所在地块的建设提出具体的安排和设计，制订用以指导各项建筑和工程设施的设计和施工的规划设计。修建性规划可以由有关单位依据控制性规划及建设主管部门（城乡规划主管部门）提出的规划条件，委托城市规划编制单位编制。修建性规划一般包括：建设条件分析及综合技术经济论证；建筑、道路和绿地等的空间布局和景观规划设计，布置总平面图；道路交通规划设计；绿地系统规划设计；工程管线规划设计；竖向规划设计；估算工程量、拆迁量和总造价，分析投资效益等内容。根据实际情况，有些时候可以将修建性规划与扩初设计、施工图设计结合进行。

4. 以上海市城市规划体系为例，根据《上海市城市规划条例》，上海市城市规划体系包括中心城和郊区两条主线。其中中心城分为五个层面，分别为：上海市城市总体规划层面（含中心城总体规划），由上海市人民政府上报国务院审批；分区规划层面（6 个分区），对总体规划的总量进行分解，由上海市规划局会同各区政府，上报上海市人民政府审批；控制性编制单元规划层面（242 个单元），进一步明确用地性质、建筑总量、公共服务设施等规划指标，由上海市规划局制定；控制性规划层面，由各区政府组织编制，上报市规划局审批；以及按照已批准的规划实施项目管理层面。如图 4-4 所示。

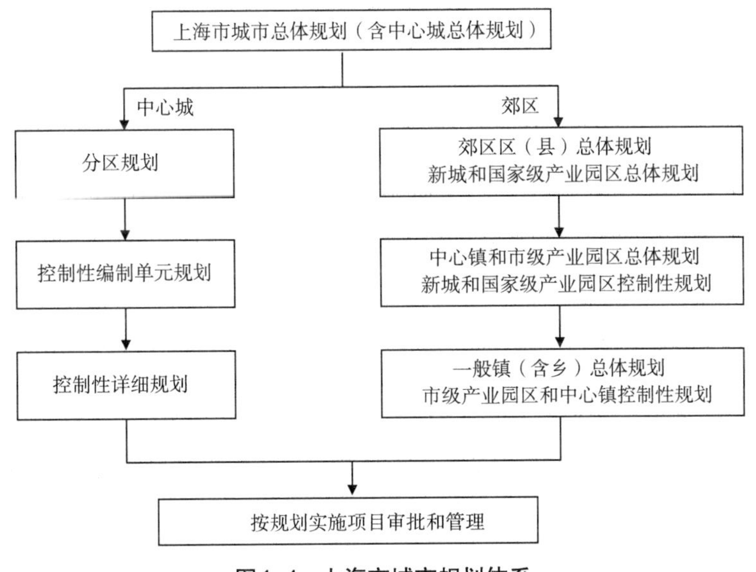

图4-4　上海市城市规划体系

4.3.2 生态雨水基础设施规划体系

针对城市规划的三个编制阶段以及对应的从宏观到微观的三个研究尺度，生态雨水基础设施规划的体系分为三个层面的内容（图 4-5），分别是：宏观尺度的生态雨水基础设施总体规划（对接城市总体规划编制阶段），侧重考虑区域核心、集中式、终端控制的生态雨水基础设施 BMPS-ESI 网络的规划；中观尺度的生态雨水基础设施控制性规划（对接控制性规划编制阶段），侧重考虑源头与过程控制、就地 / 分散式的 LID-ESI 生态雨水基础设施的规划；以及微观尺度的场地生态雨水基础设施修建性规划（对接修建性规划编制阶段），修建性规划已进入规划实施与项目管理层面，其主要内容是对所在地块的 BMPS-ESI、LID-ESI 提出具体的安排和详细规划设计，以指导生态雨水基础设施工程建设。

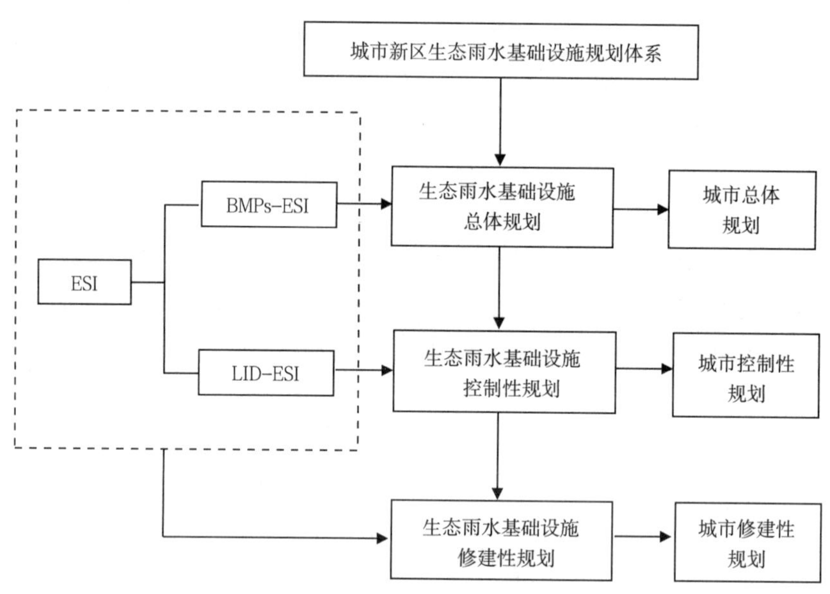

图4-5 生态雨水基础设施规划体系

4.3.3 生态雨水基础设施规划流程

城市新区生态雨水基础设施规划的流程为：针对区域雨洪管理问题，确定生态雨水基础设施规划的总体目标，基于地理信息系统（geographic information system，GIS）环境平台，构建生态雨水基础设施规划空间与属性数据库，包括自然、生态、环境和人文、社会、经济两大类数据（图 4-6），运用生态雨水基础设施规划的理论、方法与技术，首先进行宏观尺度、土地一级开发阶段、针对 BMPs-ESI 的生态雨水基础设施总体规划，在此基础上，进行中观尺度、二级土地开发阶段、针对 LID-ESI 的生态雨水基础设施控制性规划，最后是场地尺度、对接 ESI 详细设计与工程阶段的生态雨水基础设施修建性规划，规划流程如图 4-7 所示。

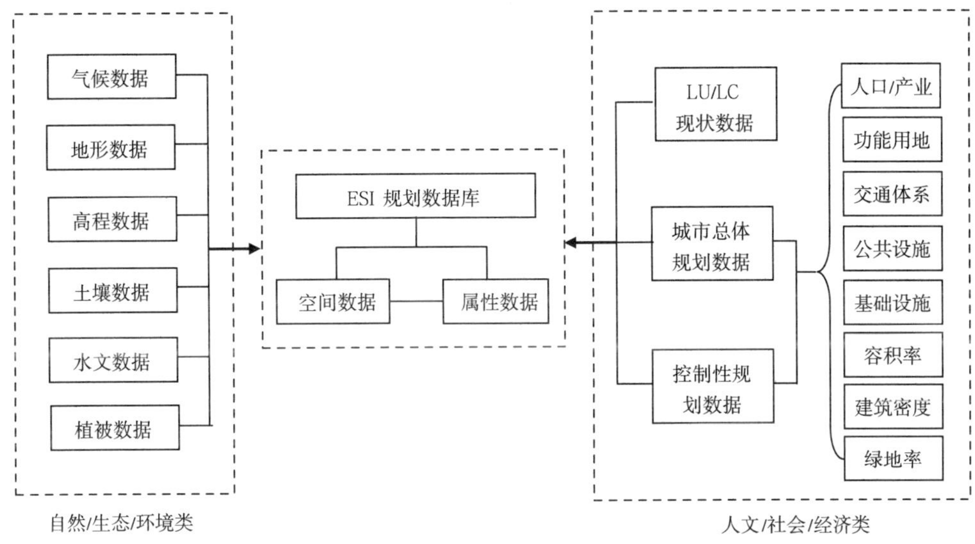

图4-6　生态雨水基础设施规划数据库结构

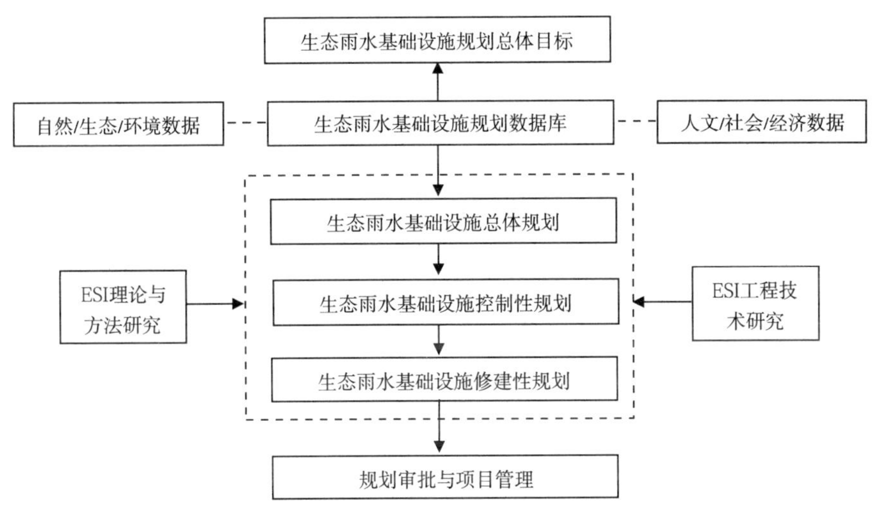

图4-7　生态雨水基础设施规划流程

4.4　生态雨水基础设施规划与其他专项规划的关系

生态雨水基础设施规划作为城市专项规划，它与排水专项规划、防洪专项规划、雨水资源化利用专项规划、道路规划、绿地系统规划等其他专项规划是相辅相成、相互结合的关系。

4.4.1　与排水规划、防洪规划的关系

在现行的城市规划体系中，涉及城市雨洪管理的专项规划主要有排水规划和防洪规划。在行政体制上，城市防洪与城市排水分别属于水务和市政两个行业部门，二者相互独立、分别编制、各有侧重，采用的设计标准也不同，并且在整个城市规划编制过程中

并非同步进行，因而往往相互间难以协调与衔接，甚至相互冲突。

生态雨水基础设施规划对排水规划和防洪规划的规划理念进行了更新，提出转变传统的“管网工程硬排水”模式为“近自然生态软排水”模式，将雨水引入生态雨水基础设施，经过处理、滞留和就地入渗后，再进入城市排水管网设施，排放至受纳水体。生态雨水基础设施可以（部分）代替工程管网“灰色”雨水基础设施，“大频率小洪水”基本可以由生态雨水基础设施调控，“小频率大洪水”则需要生态雨水基础设施和工程管网设施共同调控。

另一方面，生态雨水基础设施规划具有多目标性以及多领域性，可以将排水规划和防洪规划统筹到生态雨水基础设施规划的范畴中，将生态雨水基础设施和工程管网设施结合起来，共同实现区域的雨洪管理，从而解决排水规划和防洪规划难以协调与衔接，甚至相互冲突的问题。

4.4.2　与道路规划的关系

城市道路规划是生态雨水基础设施规划的重要依据，一方面市政工程管网系统的规划和建设与道路规划关系密切，并且是汇水区划分的重要依据；另一方面，道路作为径流产流和径流污染物的重要来源，是生态雨水基础设施规划的雨洪管理重点区域。

4.4.3　与绿地规划的关系

生态雨水基础设施规划是结合城市绿地规划进行的，绿地是生态雨水基础设施的重要潜在类型（要素），生态雨水基础设施规划注重发挥绿地的生态雨洪管理功能，生态雨水基础设施首要考虑规划、建设在绿地系统中（如：开敞空间、道路绿地以及建设用地内的绿地等），并且生态雨水基础设施规划的研究成果可以指导绿地规划设计。

第 5 章　城市新区海绵城市总体规划理论方法

5.1　雨洪管理景观安全格局理论

景观格局与生态过程之间的关系是景观生态学研究中的核心内容。景观格局，即景观的空间结构，包括景观组成单元的类型、数目以及空间分布与配置；生态过程是景观中生态系统内部和不同生态系统之间的物质、能量、信息流动和迁移转化的总称，它强调事件或现象的发生、发展的动态特征。景观格局是生态过程的载体，两者之间相互作用和影响，景观格局的变化会引起相关生态过程的改变，而由于生态过程中包含众多塑造景观格局的动因和驱动力，生态过程的改变也会使景观格局产生系列响应。

景观安全格局理论强调格局与过程之间的相互关系与耦合机制，认为景观中存在着一个由关键性的景观元素、位置和空间关系所组成的潜在战略格局，即景观安全格局（landscape security pattern，SP）。景观安全格局对景观过程的完整、健康和安全有着至关重要的影响，通过对生态过程的空间模拟和分析，可以判别、设计景观安全格局，实现对生态过程的有效控制，用最少的土地、最低限度的生态结构来维护生态过程的完整性，保障整体生态系统服务的发挥。

景观安全格局原理及其空间分析方法为宏观尺度的区域核心 BMPs-ESI 的规划提供了理论和方法支持。在区域尺度和城市总体规划层面上，主要考虑的是大型终端控制、集中式的核心 BMPs-ESI 的保护与规划。针对区域水文生态过程（包括径流产流与汇流过程、洪水淹没过程、暴雨淹没过程、径流污染物负荷与迁移过程、雨水资源化利用等）进行空间分析和模拟，可以判别出对于区域生态雨洪管理具有战略意义的核心 BMPs-ESI 的空间位置、组分及其关系，构建区域雨洪管理景观安全格局（stormwater management landscape security pattern，SWMSP），维护和加强城市自然水文过程的完整和健康，进而实现对城市雨洪的有效管理。雨洪管理景观安全格局是生态雨水基础设施总体规划的规划成果。

5.2　GIS 空间模拟分析方法

GIS 是以计算机为基础的综合性应用技术，包括：信息获取与输入、数据储存与管理、数据查询与分析、成果表达与输出，具有对空间数据的获取、存贮、查询、转换、处理、分析、输出等多种地学空间信息功能，支持以地学研究和决策为目的、以地学分析或模型方法为手段的空间分析与表现，目前已经广泛应用于景观与资源环境规划、管理、决策等研究领域。GIS 强大的空间分析方法与技术为水文生态过程的模拟分析提供了有效的途径，包括汇水区分析、地势地形分析、径流汇流过程分析、洪涝淹没过程分析、用地适宜性分析评价等。

5.3 SCS 水文模型方法

SCS（Soil Conservation Service，水土保持局）水文模型是美国农业部水土保持局开发的一种用于估算降雨径流的经验统计模型，能够反映不同土地利用 / 土地覆盖、土壤类型、前期土壤湿润条件（antecedent moisture condition，AMC）等下垫面因素以及人为活动对降雨径流的影响，具有机理清晰、结构简单、所需参数数目较少、参数便于获取等特点。由于城市总体规划用地阶段以《城市用地分类与规划建设用地标准》（GB 50137-2011）中的八大类建设用地分类为主，中类用地分类为辅，尚未进入详细规划阶段，因而运用 SCS 水文模型对区域降雨径流产流进行模拟析较为合适。

5.3.1 SCS 模型基本原理

SCS 模型建立在水平衡方程和两个基本假设上：

水平衡方程：

$$P=I_a+F+Q \tag{5-1}$$

式中 P 表示某场降雨事件的总降雨量，mm；

I_a 表示初损量，mm，主要指植物截流、初渗和下垫面表面的填洼蓄水；

F 表示实际入渗量，mm；

Q 表示实际地表径流量，mm。下同。

两个基本假设：

（1）假定汇水区某场降雨事件的实际入渗量（F）和实际地表径流量（Q）之比等于汇水区最大可能滞留量（S）与潜在径流量（Q_m）之比，即：

$$\frac{F}{Q}=\frac{S}{Q_m} \tag{5-2}$$

（2）假定潜在径流量（Q_m）为总降雨量（P）与初损量（I_a）的差值，即：

$$Q_m=P-I_a \tag{5-3}$$

I_a 与 S 有经验关系：

$$I_a=\lambda S \tag{5-4}$$

式中：λ 为常数，通常取 0.2。

由此可以得出 SCS 模型的基本产流公式如下：

$$\left.\begin{aligned} &Q=\frac{(P-I_a)^2}{P-I_a+S},P\geqslant I_a \\ &Q=0,P<I_a \end{aligned}\right\} \tag{5-5}$$

式中：S 为唯一的不确定参数，其变化幅度很大。为此，美国国家自然资源保护局（NRCS）引入一个无因次参数——径流曲线数（curve number，CN），并将 S 与 CN 建立如下关系：

$$S = 254\left(\frac{100}{CN} - 1\right) \tag{5-6}$$

CN 是一个无量纲参数，可以反映汇水区下垫面因素（土地利用 / 土地覆盖、土壤类型、前期土壤湿润程度）的综合特性。

5.3.2 SCS 模型的参数

1. 土壤水文组分类标准

美国国家自然资源保护局根据相同降水和地表条件下土壤的产流能力，将土壤分为四个水文组类（表 5-1），土壤的产流能力主要受土壤最小渗透率的影响。

2. 前期土壤湿润条件（AMC）划分标准

前期土壤湿润条件等级的划分主要依据前期降水指数 API（antecedent precipitation index，API），计算公式为：

$$API = \sum_{i=1}^{n} P_i \tag{5-7}$$

式中：P_i 表示前 i 天的降水量，mm，一般取 5 天。根据 API 指数，将前期土壤湿润程度划分为 I（干燥）、II（中等）、III（湿润）等 3 种类型，详见表 5-2。

SCS模型土壤水文组划分标准　　表5-1

土壤水文组	土壤质地	最小渗透率（mm/h）
A	厚层沙、厚层黄土、团粒化粉沙土	7.26～11.43
B	薄层黄土、沙壤土	3.81～7.26
C	黏壤土、薄层沙壤土、有机质含量低或黏质含量高的土壤	1.27～3.81
D	吸水后明显膨胀的土壤、塑性土壤、某些盐渍土壤	0～1.27

资源来源：参考袁作新，《流域水文模型》，1990。

前期土壤湿润程度（AMC）等级划分标准　　表5-2

AMC等级	前5天降雨总量（mm）	
	植物休眠期	植物成长期
AMC I：土壤干旱，但未到达植物萎蔫点，有良好的耕作及耕种	＜13	＜36
AMC II：发生洪泛时的平均状况，即流域洪水出现前夕的土壤水分平均状况	13～28	36～53
AMC III：暴雨前的5天内有大雨或小雨和低温出现，土壤水分几乎呈饱和状况	＞28	＞53

5.4 PLOAD 模型方法

美国环境保护局（USEPA）开发的最佳污染集成估算系统（better assessment science integrating point and nonpoint source，BASINS）中用来计算流域非点源污染（non-point source pollution，NPS）的污染物负荷模型（pollution load，PLOAD），建立了土地利用类型与非点源污染负荷之间的关系，具有计算简单、所需参数较少、结果易于统计分析等特点。将 PLOAD 模型与 SCS 模型相结合，可广泛用于城市用地、农业用地和未开发地的非点源污染负荷预测，尤其适用于缺乏长期连续监测资料的区域，适用于城市总体规划阶段、宏观尺度的区域地表径流污染负荷的总量模拟研究。

PLOAD 模型的计算公式为：

$$L_n=\sum_{i=1}^{n}A_i Q_i EMC_i \tag{5-8}$$

式中：L_n 表示径流污染负荷，g；A_i 表示第 i 种土地利用类型的汇水面积，m^2；Q_i 表示第 i 种土地利用类型的径流深度，m，根据 SCS 模型计算结果可得；EMC_i 为第 i 种土地利用类型的降雨事件污染物平均浓度值（event mean concentration，EMC），g/m^3。在一场降雨事件过程中，径流污染的污染物浓度变化很大，且具有初始冲刷效应，因而常用降雨事件径流污染物平均浓度值 *EMC* 来表示在一场降雨事件全过程中某种径流污染物的平均浓度，它是一场降雨径流全过程中取样样品污染浓度的流量加权平均值。

5.5 生态雨水基础设施总体规划流程

基于生态雨水基础设施理论（ESI）与雨洪管理景观安全格局理论（SWMSP）的城市新区生态雨水基础设施总体规划研究流程见图 5-1。在城市总体规划的规划愿景下，在 GIS 技术环境下，针对区域雨洪水文生态过程进行分析模拟，得出生态雨水基础设施总体规划的重点区域。结合 BMPS-ESI 适宜性评价，判别出重点生态雨洪管理区域内 BMPs-ESI 的空间位置、组分及其关系，强调最低限度的生态结构对于整体生态系统服务的贡献，构建雨洪管理景观安全格局，并指导城市总体规划的优化调整以及城市开发建设，具体流程见图 5-1。

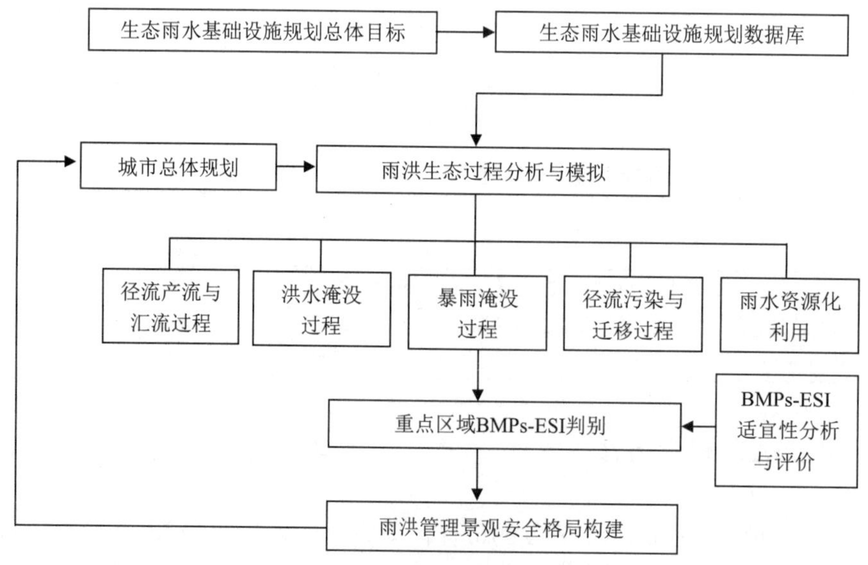

图5-1 生态雨水基础设施总体规划流程

第 6 章　城市新区海绵城市详细规划理论方法

6.1　控制性详细规划理论方法

6.1.1　有效透水面理论

透水面（pervious areas，PA）、不透水面（impervious areas，IA）的比例是城市开发和人为活动对城市下垫面和景观格局塑造的最直观的反映，也是影响城市水文循环的重要因素和城市生态雨洪管理研究的核心内容之一。

从生态雨水基础设施理念指导下的生态雨洪管理“源—汇”调控角度而言，不透水面是“源”，主要指道路、建筑物面以及城市表面等下垫面类型，其地表径流一般存在显著的初始冲刷效应，且自身不具有调控、利用雨水径流的能力；而透水面（主要为城市绿地、湿地、林地等自然区域）作为潜在的生态雨水基础设施，对雨水径流具有稳定的调蓄、处理和收集利用的能力，是潜在的“过程”和“汇”调控设施。

基于此原理，可以将不透水面分为：有效不透水面（effective impervious areas，EIA）、非有效不透水面（non-effective impervious areas，NEIA）两种类型。对于某个汇水区而言，当汇水区内不透水面产生的地表径流直接（或通过管网）排入区域外或汇入河道时，此部分不透水面即为有效不透水面；当不透水面产生的地表径流通过绿地、湿地等城市透水面的调蓄或被收集利用，则此部分不透水面即为非有效不透水面。与之相对应的，当汇水区内的透水面接纳了不透水面产生的客地径流时，则称其为有效透水面（effective pervious areas，EPA），反之则为非有效透水面（non-effective pervious areas，NEPA）。在此基础上，可以引申出有效绿地（effective green area，EGA）和有效水体（effective wetland area，EWA）的概念，它们是有效透水面的两大主要组成部分。从生态雨洪管理的角度，非有效透水面没有发挥“汇”的功能，其高程往往高于不透水面（如路面等），产生的地表径流一般通过市政管网排入河道，加上透水面建设后的时间、土壤（尤其是表层土壤）的来源、土壤渗透性能以及其对污染物的去除能力等因素的交互影响，使得非有效透水面往往成为实际上的“源”。

在以“工程管网排水”为主要排水模式的高密度城市建设区域，传统的河岸植被缓冲带无法充分发挥其作为完整自然的生态功能，而有效透水面则为此找到了一种理想的替代模式。充分发挥有效透水面（下凹式绿地、雨水花园和人工湿地为典型类型）对客地地表径流及其污染物的削减效应和资源化利用能力，有效透水面（尤其是有效绿地）可以成为城市的离散河岸带[①]和潜在的LID-ESI生态雨水基础设施。本研究提出将有效透

① 离散河岸带得到美国University of North Carolina象伟宁教授的指导，是指除传统自然河岸带之外的城市透水面的总称，因其不毗邻城市水体而不直接作用于水体，通过削减汇入城市管网之前的地表径流及其污染物负荷来实现河岸带的生态功能。

水面和建筑密度、容积率、绿地率等建设控制指标一起纳入城市控制性规划中，将其作为城市新区生态雨水基础设施控制性规划的生态控制指标。有效透水面的面积指标是生态雨水基础设施控制性规划的规划成果。

6.1.2 生态雨洪管理角度下的下垫面分类方法

将土地利用、土地覆被和有效透水面理论三者有机融合，结合城市控制性规划中的容积率、建筑密度、建筑高度、建筑面积、绿地率等规划控制指标以及情景规划方案，针对城市道路、建筑屋面、硬化表面、植被、水体等五种下垫面类型，本研究创新性地提出了一种生态雨洪管理角度下的“三维度”城市下垫面分类系统（urban underlying surface classification for eco-stormwater management，USCESWM），并将其应用于高精度的城市水文过程模拟和生态雨水基础设施规划中，如图 6-1 所示。

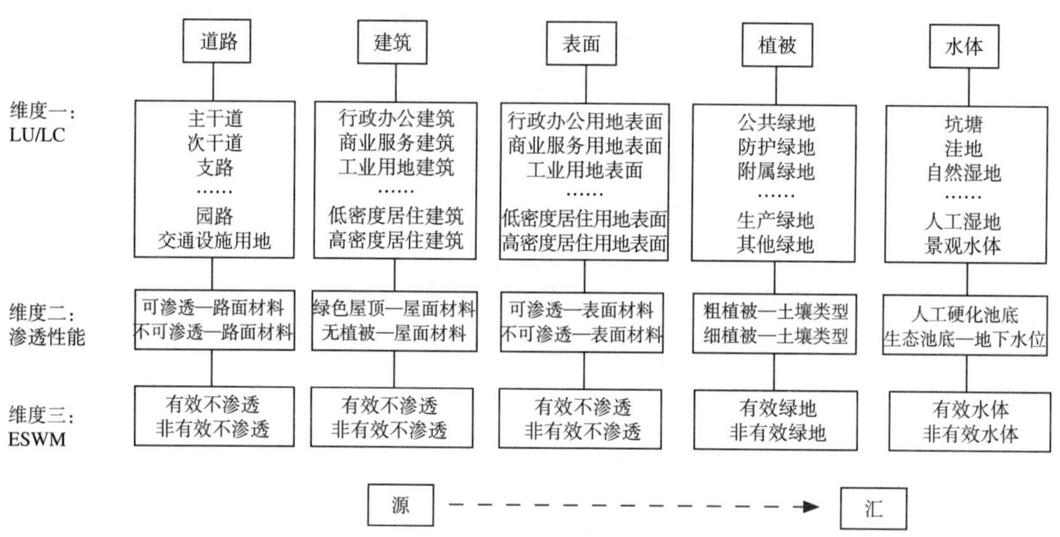

图6-1 生态雨洪管理的城市下垫面分类系统

维度一：下垫面的土地利用 / 土地覆被属性。

不同土地利用 / 土地覆被类型以及同一土地利用 / 土地覆被类型内的不同下垫面，因人为活动强度的差异，其地表径流的产流、冲刷特征和径流水质存在显著差异。

维度二：下垫面的渗透属性。

不同下垫面由于土壤类型、建造材料和工艺等因素的影响，其渗透性能不同，地表径流特征以及对径流的调蓄、削减和污染物处理能力也存在显著差异。

维度三：下垫面的生态雨洪管理“源—汇”属性。

基于有效透水面理论，不同的雨洪管理与排水模式下，下垫面在生态雨洪管理中的“源”、“汇”属性相应不同。

6.1.3 相关利益方分析方法

控制性规划作为介于总体规划与修建性规划之间、指导土地建设控制与实际开发利用的重要环节，加之LID-ESI的建设、管理和维护一般由政府委托或要求建设方、业主（使用者）承担，因而生态雨水基础设施控制性规划涉及多个行政职能部门、开发建设方、使用者（居民）以及社会团体组织（非政府组织）、专家学者等多种利益群体（图6-2）。实践中可运用相关利益方分析方法，各利益相关方的实际意愿将直接影响到生态雨水基础设施控制性规划方案的可行性、落地性以及实施效果。因而在生态雨水基础设施控制性规划中，应综合考虑各利益相关方的实际意愿和诉求（尽管各利益方的诉求不同，甚至有所冲突），尤其是应反映、保护弱势群体的利益诉求。针对各利益相关方的调查与分析对于LID-ESI的选择以及在多目标规划与决策中设定合理的规划情景方案具有很强的应用价值。

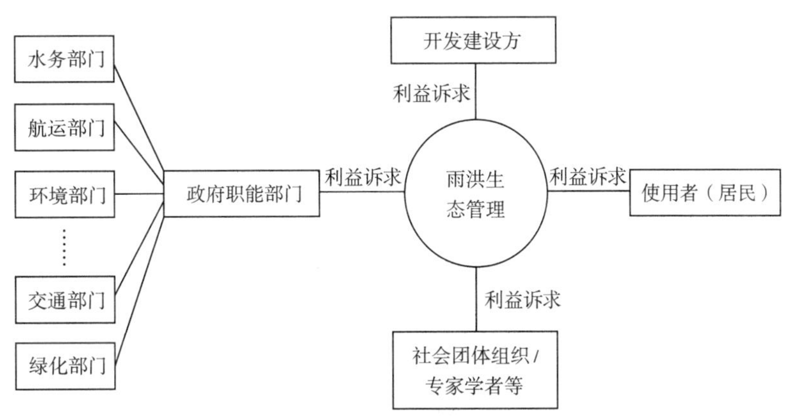

图6-2 城市生态雨洪管理的相关利益方体系

6.1.4 情景规划方法

城市地表径流过程具有诸多不确定性和复杂性，相关利益群体利益诉求也具有多样性和冲突性，加之生态雨水基础设施规划的多目标性，运用情景规划（scenario planning，SCP）方法可以刻画城市集水区生态雨洪管理的未来调控方向。基于生态雨洪管理角度下的“三维度”城市下垫面分类系统，可以从土地利用/土地覆盖、渗透性能以及生态雨洪管理的“源—过程—汇”等三个维度，设置城市生态雨洪管理的若干组合情景方案。如：不同城市功能区的雨水回收利用率、初期雨水纳管率等（维度一）；绿色屋顶比例、透水表面比例等（维度二）；有效透水面的面积比例、设计结构、设计容量与服务面积等（维度三）。

6.1.5 暴雨管理模型方法

暴雨管理模型（stormwater management model，SWMM）是20世纪70年代由美国环境保护局发起的，由佛罗里达大学、麦特卡夫一埃迪有限公司和美国水资源有限公司研制的城市暴雨洪水管理模型。运用SWMM模型可以对生态雨水基础设施控制性规划的情景方案结果进行验证，选定最终的LID-GSI生态调控方案。

1. SWMM模型的优点

目前，国内外采用较多的城市雨洪管理模型主要有：SWMM、STORM、HSPF、

DR3M-QUAL、MUSIC、MOUSE、UCURM、WinSLAMM、POLLUTE、Wallingford、WASP等,其中前四个机理模型应用较广。SWMM模型是一个动态的降水—径流模拟模型,与其他模型相比,有着明显的优势,运用SWMM模型可以对生态雨洪管理多目标情景规划结果进行验证和调整:

(1)SWMM模型集水文、水力、水质过程的模拟于一体。

(2)采用模块式结构组合,包括若干个不同功能的计算模块,便于解决多目标的城市雨洪问题。

(3)可以用于规划设计阶段,模拟设计暴雨条件下的雨洪和水质过程,也可以用于实际情况下暴雨雨洪过程的预报和管理。

(4)考虑了城市地区的复杂下垫面条件和地表性质,可以应用于汇流不均匀的城市地区的高精度雨洪模拟,尤其是考虑了不同类型的LID调控措施。

(5)SWMM模型不仅可以针对某一单次降雨事件进行模拟,也具有连续模拟及统计分析的功能。

2. SWMM模型的模块结构

SWMM模型主要由输入、中央核心、相关模块、纳水水体模块以及服务模块(统计模块、绘图模块、联合模块、降雨模块等)组成,其中核心模拟部分包括:径流模块(runoff block)、输送模块(transport block)、扩展输送模块(extran block)以及贮存/处理模块(storage / treatment block),如图6-3所示。

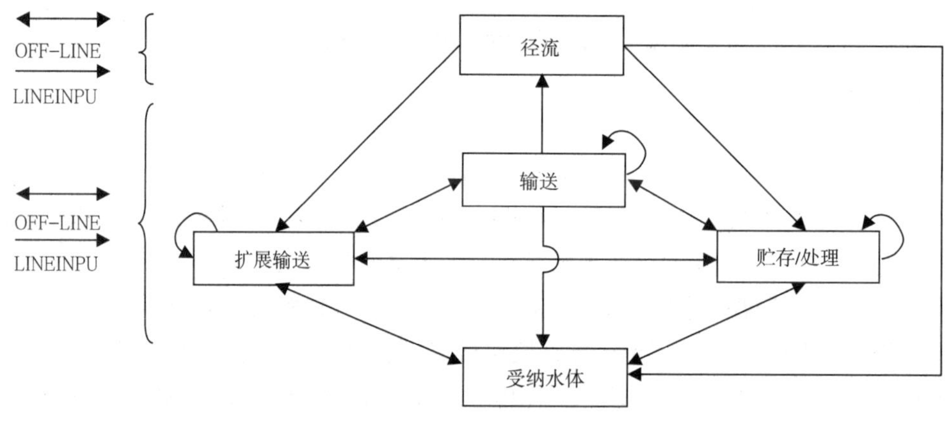

图6-3 SWMM模型核心结构

6.1.6 生态雨水基础设施控制性规划的技术流程

结合生态雨水基础设施总体规划成果(雨洪管理景观安全格局),基于城市控制性规划的规划愿景,运用有效透水面理论和生态雨洪管理角度下的“三维度”城市下垫面分类方法,在利益相关方调查分析的基础上,确定情景规划的组合情景方案,基于多目标的生态雨洪管理,通过水量平衡分析,得出不同情景方案对应的EPA、EGA占规划区的面积比例指标,并通过SWMM模型对情景结果进行模拟验证,选定最终的LID-ESI规划方案。生态雨水基础设施控制性规划流程见图6-4。

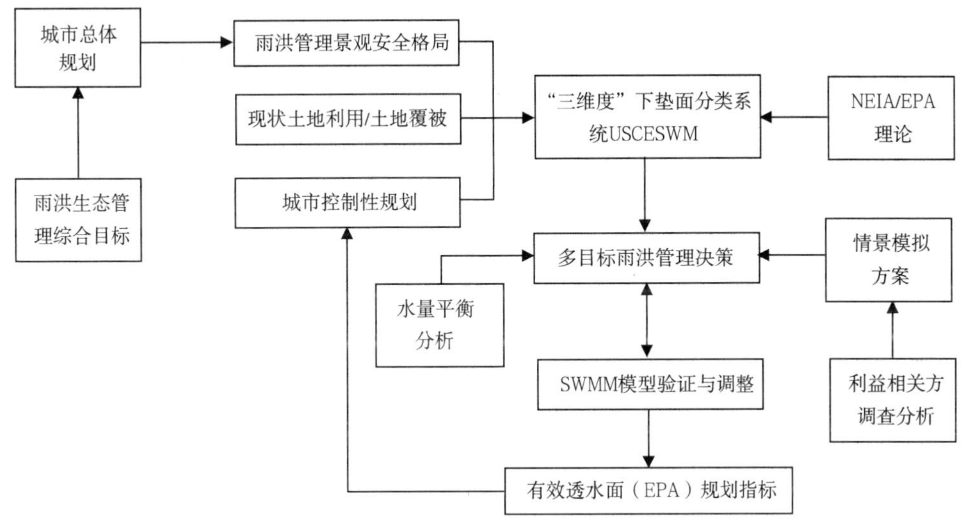

图6-4　生态雨水基础设施控制性规划流程

6.2　修建性详细规划方法

由于修建性规划阶段已进入规划实施与项目管理层面，根据实际情况，有些时候可以将修建性规划与扩初设计、施工图设计结合进行。生态雨水基础设施修建性规划的主要内容是对所在地块的生态雨水基础设施（ESI）提出具体的安排和详细规划设计。相关的国家/行业标准与规划设计规范以及ESI的设计与工程技术、效益评估（建设成本、场地要求、运行效率、维护与管理成本等）是生态雨水基础设施修建性规划阶段的主要参考依据。

6.2.1　国家/行业标准与工程技术规范

需要说明的是，我国目前相关的国家/行业规范与标准的指导理念往往比较滞后，无法与国际生态雨洪管理理念接轨，因而在ESI的规划、设计与工程实践中，面临着与传统的观念、方法、规范、标准的冲突与挑战。

1.《绿色建筑评价标准》（GB/ T 50378-2006）

国家建设部、国家质监督检验检疫总局2006年颁布的《绿色建筑评价标准》中，将绿色建筑评价指标体系分为节地与室外环境、节能与能源利用、节水与水资源利用、节材与材料资源利用、室内环境质量和运营管理等六大类指标体系，涉及地表径流、雨水利用、渗透表面、绿色屋顶等生态雨洪管理方面的评价指标。上海、北京等地也相继制定了本地区的绿色建筑评价地方标准。

2.《建筑与小区雨水利用工程技术规范》（GB 50400-2006）

国家建设部颁布的《建筑与小区雨水利用工程技术规范》（GB 50400-2006），从水量与水质、雨水利用系统设置、雨水收集、雨水入渗、雨水储存与回用、水质处理、调蓄排放、施工安装、工程验收、运行管理等方面对民用建筑、工业建筑与小区雨水利用工程的规划、设计、施工、验收、管理与维护进行了相应规定。

3.《室外排水设计规范》(GB 50014-2006)

国家住房和城乡建设部、国家质监督检验检疫总局颁布的《室外排水设计规范》(GB 50014-2006)，适用于新建、扩建和改建的城镇、工业区和居住区的永久性的室外排水工程设计。在2011年的修订版中特别补充规定：应按照低影响开发（LID）的理念进行雨水综合管理，采用源头削减、过程控制、末端处理的方法，控制非点源污染、内涝灾害以及提高雨水利用程度。此外，还补充规定采用数学模型法计算雨水设计流量；综合径流系数较高的地区应采用渗透、调蓄措施；以及雨水调蓄池的设置和计算等有关内容。

4.《建筑给水排水设计规范》(GB 50015-2003)

国家住房和城乡建设部、国家质监督检验检疫总局颁布的《建筑给水排水设计规范》(GB 50015-2003)适用于居住小区、公共建筑区、民用建筑的给水排水设计，亦适用于工业建筑的生活给水排水和屋面雨水排水设计。

6.2.2 ESI设计与工程技术

国外一些发达国家已经掌握了相对成熟的ESI景观生态设计与工程技术，并实现了多个成功案例，如：美国波特兰的“绿色街道”和雨水花园项目、德国汉诺威市康斯柏格(Kronsberg)居住小区项目等。但由于ESI作为景观生命系统，不同国家、地区在土壤、水文、降雨、温度、风力、乡土植物等自然因素，以及业主意愿、建造材料与工艺、维护管理、人的行为活动等社会、经济因素方面具有显著的差异，因而必须对ESI的设计结构、设计参数、建造、运行和维护等设计与工程技术进行本土化研究，在大量工程实践研究的基础上，集成开发出具有地域适宜性的ESI景观生态设计与工程技术。

6.2.3 生态雨水基础设施修建性规划的技术流程

基于生态雨水基础设施总体规划和生态雨水基础设施控制性规划，在前期场地资料收集、实地调研和委托方对接等的基础上，依据相关规范、工程技术，提出修建性规划或设计的初步方案，经过方案比较选优后，确定最佳方案，并深化设计，核算工程量，编制工程预算，进行相关工程审批、核准与备案工作。生态雨水基础设施修建性规划流程见图6-5。

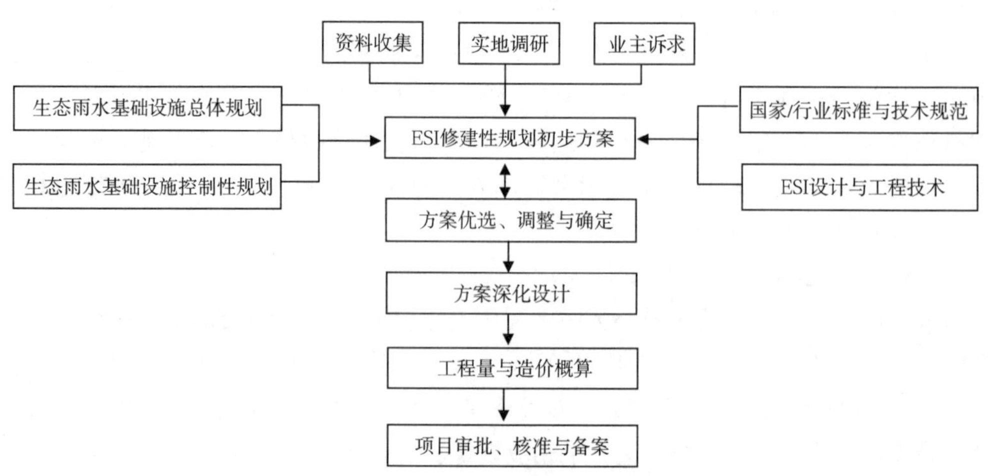

图6-5 生态雨水基础设施修建性规划流程

实 证 篇

第 7 章　上海临港新城概况与海绵城市规划目标

7.1　临港新城概况

7.1.1　上海临港新城概况

上海市临港新城位于 30° 84′ ~ 31° 00′ N，121° 80′ ~ 121° 98′ E，地处上海东南长江口和杭州湾交汇处，滨临东海，距上海中心城区约 80km，是上海建设国际航运中心的重要组成部分，规划建成先进重大装备、现代物流业、民用航空制造业、航运与海洋产业的战略聚集地。临港新城总规划面积约 311.6km^2，其中由填海而成的陆域约占 45%。临港新城由主城区、重装备产业区和物流园区、主产业区和综合区四大功能板块组成。

临港新城主城区规划面积约为 69.11km^2，规划居住人口 50 万 ~ 60 万，是一座人工填海造陆而建的新城，2002 年海塘按照防御 200 年一遇风浪标准修建。临港新城经历了多次的围海造田工程，1949 年以前、1949 ~ 1979 年、1979 ~ 1985 年、1985 ~ 1994 年、2003 年以后的成陆面积分别占临港新城总面积的：4.66%、16.82%、9.34%、3.34%、65.85%，绝大部分的土地是在 2002 年开始的吹沙成陆工程中形成的，成陆时间仅 10 年左右（图 7-1）。

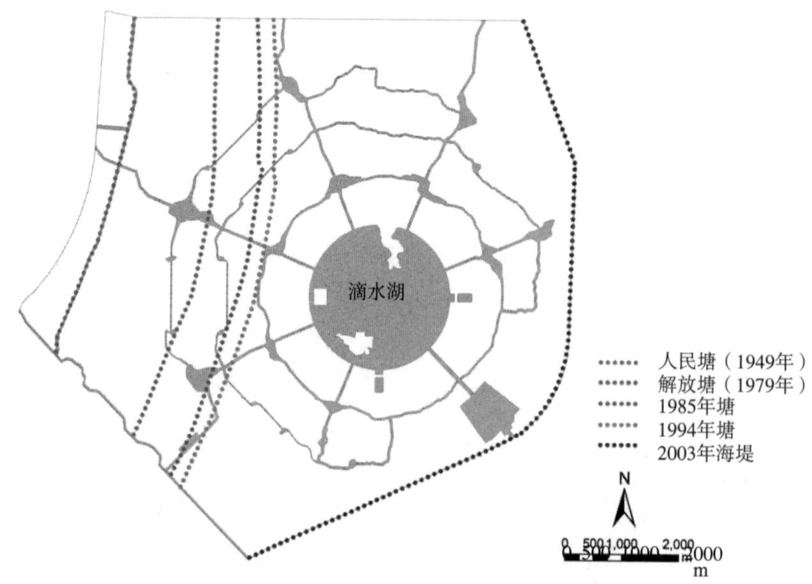

图7-1　临港新城1949 ~ 2003年海岸线变迁

临港新城主城区采用以滴水湖为核心的典型“田园城市”布局模式，城市的各个功能区域围绕滴水湖，呈放射状的扩散分布，包括：滴水湖及湖滨区以及公共设施环带、城市公园环带、居住功能环带、大学城（海洋大学、海事大学）等四个环带。滴水湖蓄水面积 5. 56km^2，平均水深 3.7m，最深处达到 6.2m，是世界上最大的城市景观人工湖，也是整个区域降雨径流的最终汇入点。滴水湖是整个临港新城最重要的生态基础设施，维持其水生态环境安全对整个区域的生态安全以及社会经济发展具有重要意义。

7.1.2 临港新城面临的雨洪问题

1. 洪涝灾害风险巨大

临港新城地处海滨，地势低洼，开发建设前期的平均高程仅为 4.11m，水域与滩涂湿地面积占现状土地面积的 56.39%。虽然总体规划制定了较为详细的水务专项规划，并按照防御 200 年一遇风浪标准修建了海塘，但在刚刚成陆的滨海滩涂建设新城，仍面临着巨大的洪水与内涝灾害危险，防洪排涝基础设施的建设成本也较高。

2. 滴水湖水环境压力大

滴水湖是整个临港新城最重要的生态组件，也是整个汇水区近乎所有非点源污染的终端汇流点。而作为一个新生、敏感脆弱的人工生态系统，滴水湖的生态功能尚不健全，自净功能缺失严重，短期内尚难以自我维持。根据上海市环境监测中心和南汇区环境监测站提供的《2006 年滴水湖富营养化监测评估报告》，滴水湖为Ⅳ类水质，综合富营养化指数为 72.5[①]，已达中度富营养水平。随着区域人口的增加、城市的开发建设，滴水湖水质存在进一步恶化的风险。而滴水湖的规划水质目标为：近期 IV 类，不产生水华现象；中期 III ~ IV 类；远期 III 类，局部功能区达到 II 类。

3. 淡水资源严重短缺

填海造陆和新城开发改变了水陆生态过渡带原有的水文地质条件，破坏了自然演替过程和湿地生态系统。由于土壤内盐分的大量积累，引起一系列的土壤理化性状的恶化，例如：土壤结构黏滞、通气性差、板结紧实、渗透系数低、pH 值偏高等。由于潮汐、土壤的毛细作用以及水分蒸发，更导致表层土壤盐渍化的加剧，淡水资源缺乏的局面日益紧张，恶劣的生境条件也大大超出了植被生长的正常要求。

7.2 海绵城市规划总体目标

针对临港新城面临的主要雨洪问题，生态雨水基础设施规划的总体目标是：基于未来的城市发展蓝图，运用生态雨水基础设施原理，降低城市洪涝灾害的风险，减少降雨径流污染对于受纳水体尤其是对滴水湖的影响，同时加强雨水资源化利用，进而维护区域生态系统的持续健康和社会经济的良性发展，指导低碳生态城市建设，涵盖洪涝控制、径流削减、水质保护、雨水资源化利用等多个目标。由于我国还未指定雨水排放、径流

① 依据《湖泊（水库）富营养化评价方法及分级技术规定》方法测定。

控制等方面的法律法规和制度，参考发达国家的相关研究，结合中国相关行业规范，确定生态雨水基础设施规划的目标如下：

7.2.1 洪涝控制目标

一个完整的洪涝体系包括防洪系统和排涝系统两个部分。根据我国《城市防洪工程设计规范》（GB/T 50805-2012）和《上海市临港新城水务规划》，控制临港新城最高水位不超过 3.3m，本研究取 3.3m 为最高洪水水位线，确保最高水位线时临港新城的洪水安全。

按照我国《室外排水设计规范》（GB 50014-2006）和《城市排水工程规划规范》（GB 50318-2000），城市排水系统的设计重现期一般采用 1 ～ 3 年，重要干道、重要地区或短期积水能引起严重后果的地区，重现期宜采取 3 ～ 5 年。根据调查，目前我国大部分城市（上海、广州等）的排水系统仍采用 1 年的设计标准，因而本研究确定生态雨洪管理设施的设计标准为 1 年，制定确保一年一遇 24 小时降雨事件下，不出现城市内涝的控制目标。此标准与美国“Stream Channel Protection Volume Requirements（室外保护体积，CPv）”标准一致，CPv 标准是为了防止河道侵蚀目标而制定的。

7.2.2 径流削减目标

参考美国绿色建筑评价标准（Leadership in Energy and Environmental Design，LEED），临港新城现有不透水面积比例≤ 50%，因而开发后一年一遇降雨事件的地表径流总量和径流峰值不超过开发前产生的径流总量和径流峰值，即：径流零增长目标，并将该标准下需处理的设计雨水量称为径流削减体积，（runoff reduction volume，RRv）。

7.2.3 水质保护目标

采用美国 BMPs“水质控制体积（water quality volume，WQV）”标准，对年内约 90% 的降雨事件进行控制，以确保受纳水体的水环境安全。

7.2.4 雨水资源化利用目标

雨水资源化利用一般包括入渗、补给地下水和回收利用两个主要方面。由于临港新城现状大面积区域为滩涂和水域，加上土壤渗透系数低，地下水位较高，雨水下渗的可行性较低。因而临港新城的雨水资源化利用可分为以下两个主要方面，一是收集雨水，蓄淡洗盐，降低土壤含盐量，改善生境和立地条件；二是回收利用，作为生活杂用水、市政杂用水与景观用水等的水源，缓解淡水资源紧缺的局面。雨水回收利用设施的建设标准可依据我国《城市给水工程规划规范》（GB 50282-1998）、《室外给水设计规范》（GB 50013-2006）以及《建筑与小区雨水利用工程技术规范》（GB 50400-2006）等规范。

第 8 章　临港新城海绵城市规划数据库建设

8.1　数据来源与处理

采用的研究数据主要包括两大类，分别是自然生态环境类数据和人文社会经济类数据。自然类数据主要包括：气候、土壤、水文（水系统、地下水位）、地形、高程、植被数据等；人文类数据主要包括：人口、产业、城市总体规划、城市控制性规划、土地利用现状、公共设施及基础设施等数据。

8.1.1　气候数据

临港新城属亚热带湿润季风气候区，四季分明，全年总日照为 2000 ~ 2200h，年均气温 15.7℃，月平均蒸发量 91.90mm。春季温凉多雨，盛行 SE-SSE 风；夏季湿润炎热，盛行 SE-SSE 风；秋季先湿后干，风向以 NW-NNW 为主；冬季寒冷干燥，常风向为 SE 风，强风向为 NE 风，月平均风速 5.30 ~ 5.60m/s，该地区是台风影响多发地区。

据上海市多年降雨统计资料，南汇沿海地区多年平均降雨量为 1036.60mm，呈现出年际变化较大、年内分配不均的降雨特点，降雨主要集中在梅雨期和台风期。汛期（5 月 ~ 10 月）多年平均降雨量为 645.50mm，占全年降雨量 62.27%。

8.1.2　土壤数据

1. 土壤类型

以上海市土壤普查办公室编写的《上海土壤》中的土壤分类为基础，结合课题组实地土壤调查报告，临港新城内的土壤类型可分为水稻土、潮土和滨海盐土 3 个大类，包括：园林灰潮土、挖填灰潮土、灰潮土、滨海盐土、盐化土、黄夹砂以及砂加黄等 7 个土属，具体土壤分类与空间分布情况见表 8-1、图 8-1。

临港新城土壤分类系统　　表8-1

土类	土属	面积（hm^2）	百分比（%）
水稻土	黄夹砂	17.65	0.26
	砂加黄	29.98	0.43
潮土	园林灰潮土	104.46	1.51
	挖填灰潮土	160.75	2.33
	灰潮土	45.47	0.66
滨海盐土	盐化土	1245.26	18.01
	滨海盐土	5307.09	76.80
总计		6910.66	100.00

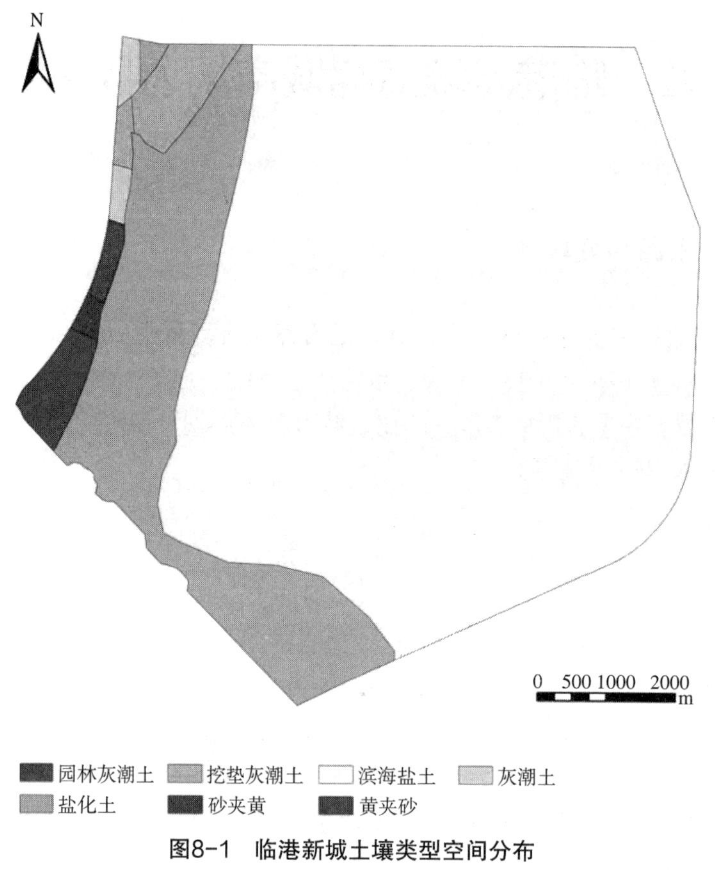

图8-1 临港新城土壤类型空间分布

2. 土壤饱和导水率

土壤饱和导水率（saturated hydraulic conductivity）是反映土壤入渗性能的重要指标，土壤饱和导水率又称：土壤渗透系数 K 值，是指土壤在水分饱和时，在单位水压梯度下，单位时间内通过垂直于水流方向的单位土壤截面积的水量，K 值与土壤的质地结构密切相关。课题组以上海土壤调查报告《上海土壤》中不同土壤类型剖面的机械组成为依据，结合临港新城土壤分类，获得了 7 个土属的土壤剖面数据，见表 8-2。

临港新城不同类型的土壤剖面数据　　表8-2

土属	层次符号	采样深度（mm）	土壤机械组成（%）			土属	层次符号	采样深度（mm）	土壤机械组成（%）		
			黏粒	粉粒	沙粒				黏粒	粉粒	沙粒
黄夹砂	A	160	21.93	68.80	7.88	挖填灰潮土	A	200	23.02	72.70	3.64
	PA	260	21.41	70.29	7.06		P	260	22.70	71.48	4.95
	P	350	21.91	60.44	15.00		B	500	24.05	60.66	13.00
	WB	650	23.67	60.75	13.24	灰潮土	A	100	23.25	69.52	6.15
	BC	1200	24.83	22.49	44.79		P	200	27.18	66.96	4.98

续表

土属	层次符号	采样深度（mm）	土壤机械组成（%）			土属	层次符号	采样深度（mm）	土壤机械组成（%）		
			黏粒	粉粒	沙粒				黏粒	粉粒	沙粒
砂夹黄	A	130	16.59	64.38	16.18	灰潮土	B	750	27.98	68.78	2.75
	P	250	15.34	75.52	7.77		C	1600	28.98	69.66	1.16
	B(W）	530	19.17	64.95	13.50	盐化土	A	50	36.80	62.28	0.78
	BC	840	22.11	31.15	39.74		ABsa	350	42.85	54.72	2.07
	C	1050	20.78	41.41	32.14		Csa1	700	40.25	58.88	0.74
园林灰潮土	A	270	29.14	66.36	3.83		Csa2	1000	43.75	54.02	1.90
	BA	470	31.52	66.54	1.65	滨海盐土	Asa	50	24.10	73.88	1.72
	B1	620	30.78	58.1	9.45		(B）sa	200	34.2	64.25	1.32
	B2	900	28.13	62.07	8.33		Csa1	400	28.54	65.94	4.69
	B3	1100	31.96	66.49	1.32		Csa2	1000	38.41	59.78	1.54

根据不同土壤类型的剖面数据，以不同类型土壤中的沙粒、粉粒以及黏粒的百分比含量，可以推导出临港新城不同类型土壤的饱和导水率（表 8-3）。

临港新城不同类型封的饱和度导水率　　表8-3

土属	黏粒（%）	粉粒（%）	沙粒(%）	土壤饱和导水率（cm/h）
	粒径 < 0.002mm	粒径0.002 ~ 0.05mm	粒径 > 0.05mm	
砂夹黄	24.09	70.38	4.70	0.67
黄夹砂	16.98	73.70	7.92	0.78
园林灰潮土	18.80	55.48	21.86	1.23
挖填灰潮土	26.84	68.74	3.76	0.54
灰潮土	28.75	59.52	9.97	0.74
盐化土	22.75	56.55	17.59	0.94
滨海盐土	31.31	65.97	2.31	0.28

3. 土壤盐碱度与有机质含量

临港新城的土壤质地总体偏黏，土壤渗透系数较低，土壤盐碱度偏高。根据上海交通大学农业与生物学院的调查报告，临港新城一期用地 59.14% 的土壤 pH 为 8.0 ~ 8.5，属碱性土壤；39.78% 的土壤 pH 为 8.5 ~ 9.0，属强碱性土壤；土壤有机质总体含量不高，86% 的土壤有机质含量< 20g/kg；土壤盐分总量高，最高达 8.1g/kg。

8.1.3 地形与高程数据

以临港新城 1 ：50 万地形图作为底图，经几何校正、图像拼接等相关处理后，提取点高程信息，使用 ArcGIS 的 3D 分析模块，生成数字高程模型（digital elevation model，DEM）。从图 8-2 可以看出，临港新城地势低洼，高程值范围介于 –6.05 ~ 10.09m，平均高程仅为 4.11m（均采用黄海高程标准）。西部区域地势相对较高，北部和南部区域，尤其是南部临近杭州湾的区域（南汇嘴周边）地势相对低洼。

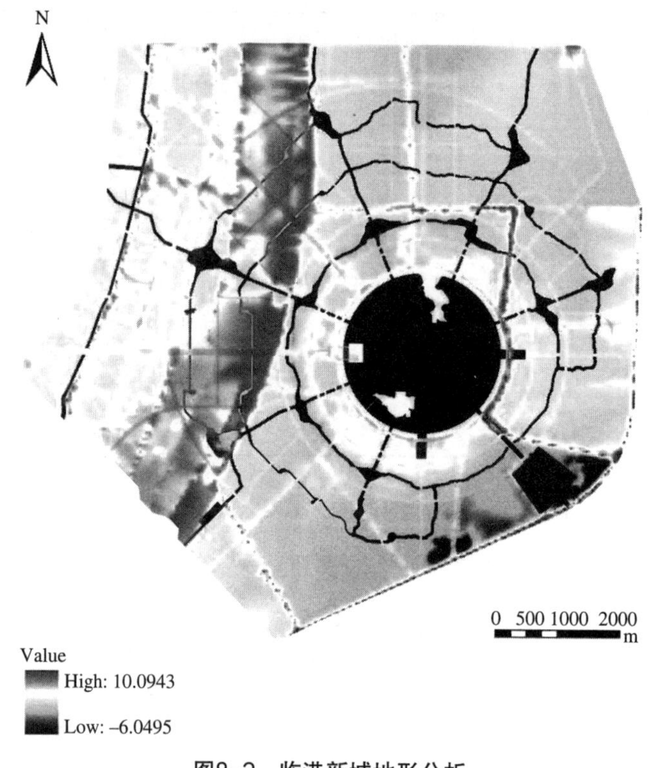

图8-2 临港新城地形分析

对数字高程模型（DEM）进行坡度分析，生成地形坡度的空间分布图（图 8-3）。从图 8-3 中可以看出，临港新城内地形平坦，基本无起伏变化，坡度大体在 2% 以内，而坡度大于 2% 的区域主要集中在人工开挖河流和新建道路的两侧，主要是由建造施工过程中的土方工程造成的。此外，不同时期建设的海塘两侧坡度也相对较大，体现出临港新城景观格局海陆变迁的演替过程。

8.1.4 水文数据

1. 水系与水质

临港新城内河道纵横交错，水系发达，临港新城水系统如图 8-4 所示。北护城河、芦潮引河、随塘河将临港新城与外围划分开来，形成了一个与周边区域相对独立的集水区。区域内部规划形成以滴水湖为中心，“三链”（内链河、中链河、外链河）、“七射”（A 港 ~ G 港 7 条射河）为骨架的水网体系。人工开挖的滴水湖蓄水面积 5.56km^2，是世界上最大的城市人工湖，平均水深 3.7m，最深处达到 6.2m，正常蓄水位 2.5 ~ 2.7m。根据《上海临港新城水务规划》，按 20 年一遇最大 24 小时暴雨 24 小时内排完标准，通过一系列水闸、海闸和泵站等工程水利设施，控制区域内部水系最高水位不超过 3.3m，常水位 2.50 ~ 2.80m，最低水位 2.2m。

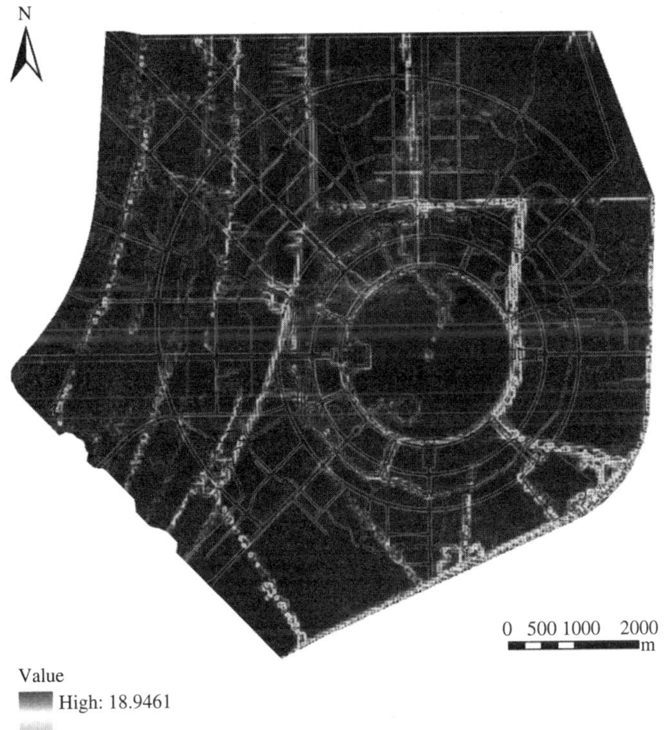

图8-3 临港新城坡度分析

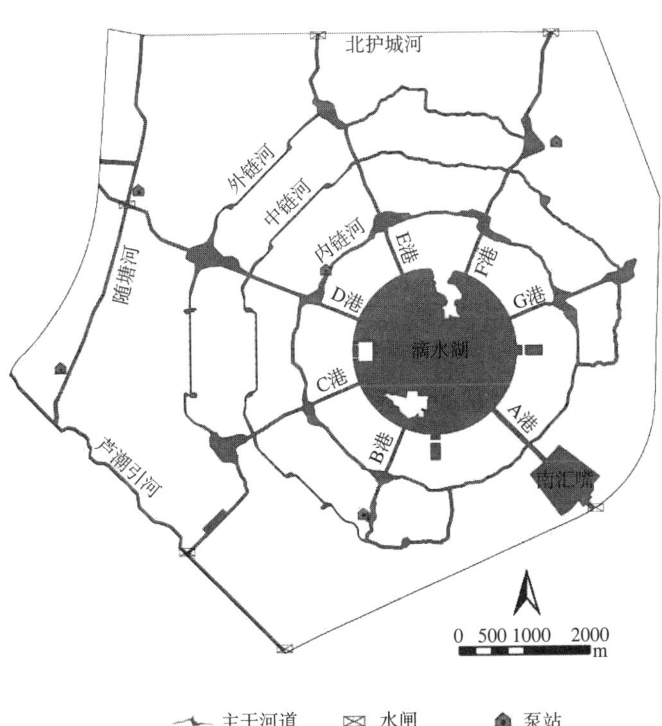

图8-4 临港新城水网体系

本研究还获取了主干河道的河道护岸结构与断面设计参数等数据，如：C港（黄日港）河道护岸及断面图（图8-5）。河道水质监测数据来源于上海市环境监测中心及南汇区环境监测站的监测报告，滴水湖2006～2008年湖区主要污染指标的变化情况见表8-4。

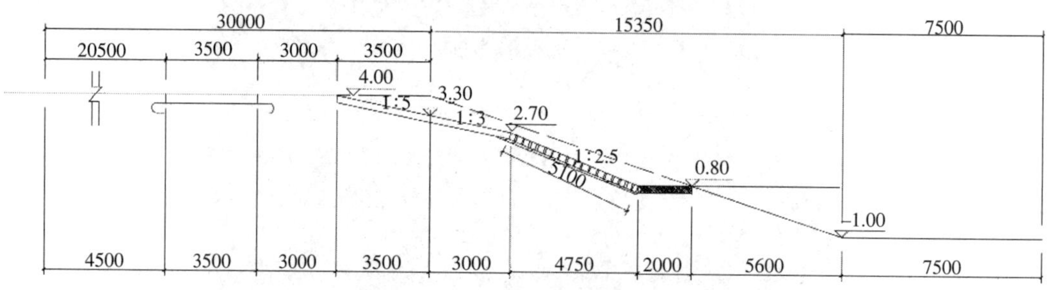

图8-5　C港河道护岸及断面示意

滴水湖2006～2008年湖区主要污染指标变化情况　　表8-4

监测项目	2006年	2007年	2008年
富营养化指数	72.50	70.90	71.90
透明度l（cm）	64.00	48.70	44.30
$\rho_{\text{氨氮}}$（mg/L）	0.23	0.23	0.31
$\rho_{\text{总磷}}$（mg/ L）	0.11	0.10	0.09
$\rho_{\text{活性磷}}$（mg/L）	0.05	0.10	0.08
$\rho_{\text{总氮}}$（mg/L）	1.33	1.02	0.93
$\rho_{\text{叶绿素a}}$（mg/m^3）	9.14	9.81	6.91
浮游植物种类数（种）	61	74	42
浮游动物种类数（种）	28	30	26

资料来源：上海市环境监测中心及南汇区环境监测站。

2. 地下水位

根据上海市规划和国土资源管理局公布的《上海市地质环境公报（2009）》，临港新城的潜水含水层地下水位为：2.76～2.89m，第一承压层地下水位为：–1.51～–2.47m（均以吴淞高程为基面）。结合DEM高程数据，得出临港新城潜水层的地下水位埋深空间分布情况（图8-6，以黄海高程为基面，下同）。临港新城地处海滨，地下水位较高，地下水的最大埋深为5.73m，平均埋深仅0.35m。

8.1.5　土地利用现状数据

临港新城开发前期的土地利用现状数据由华东师范大学教育部地理信息科学教育部重点实验室提供，数据精度为1m。从表8-5、图8-7可以看出，在临港新城现状土地利用类型中，水域、滩涂是最主要的类型，二者占到区域总面积的56%以上（含滴水湖），滩涂主要分布在成陆较晚的2002年塘与1985年塘之间的广阔土地上，在部分成陆较早的区域（如：1985年塘周边）分布有较多的水产养殖水面；其次为耕地和草地，约占临港新城总面积的30%，林地主要为20世纪70年代建设的以水杉（*Metasequoia glyptostroboides*）

等乡土树种为主的滨海防护林带。

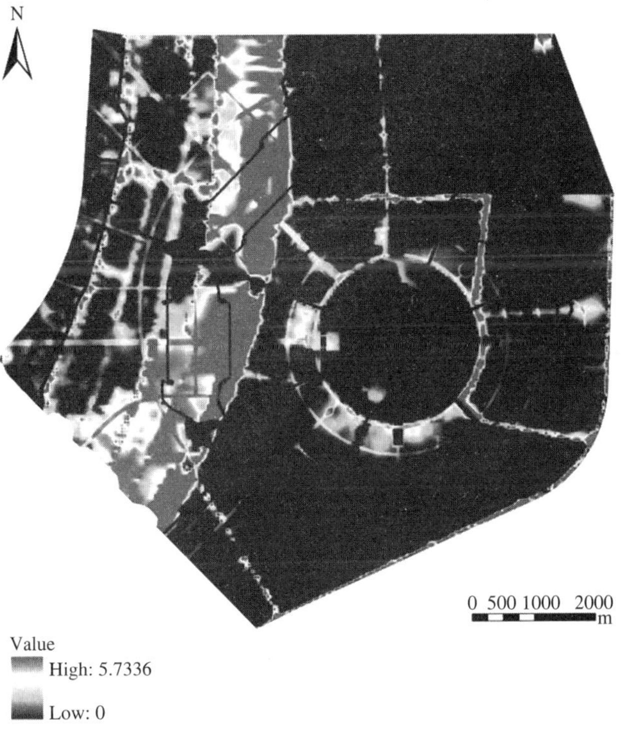

图8-6 临港新城地下水埋深分析

图8-7 临港新城土地利用现状

临港新城土地利用现状统计 表8-5

土地利用类型	面积（hm^2）	比例（%）	土地利用类型	面积（hm^2）	比例（%）
草地	911.35	13.24	水域	1，276.60	18.55
耕地	1，097.78	15.95	滩涂	2，603.45	37.84
建设用地	583.33	8.48	未利用地	101.17	1.47
林地	307.08	4.46			

8.1.6 土地覆盖现状数据

课题组对临港新城内的植被特征进行了调查，临港新城的植被类型以草本植物为主，随着成陆时间的提前（距海越远、土壤全盐量越低），植物优势种呈现出有规律的分布与更替特征：1994 年塘与 2002 年塘之间受土壤盐碱和水位的影响，区域内的植被类型单一，优势植物主要是互花米草（*Spartina alterniflora*）与芦苇（*Phragmites australis*），其中互花米草的覆盖率达 75%；1985 年塘与 1994 年塘之间的群落优势种由互花米草过渡到芦苇，同时有碱菀（*Tripolium vulgare*）、空心莲子草（*Alternanthera philoxeroides*）等伴生种；解放塘（1979 年）与 1985 年塘区域有较大面积的湿地植物群落，群落优势种过渡到芦苇和香蒲（*Typha orientalis*），并有狗牙根（*Cynodon dactylon*）、鹅不食草（*Centipeda minima*）、田菁（*Sesbania cannabina*）等伴生种，群落的层次也有所增加；成陆时间最早的人民塘（1949 年）与解放塘之间的区域，植物种类较丰富，自然植被有香蒲、狗牙根、鹅不食草、稗草（*Echinochloa crusgalli*）等，并有成片的水杉、银荆（*Acacia dealbata*）等人工林，植物群落有明显的乔、灌、草结构，种类也比较丰富（张群等；2008）。临港新城的群落优势种分布图见图 8-8。

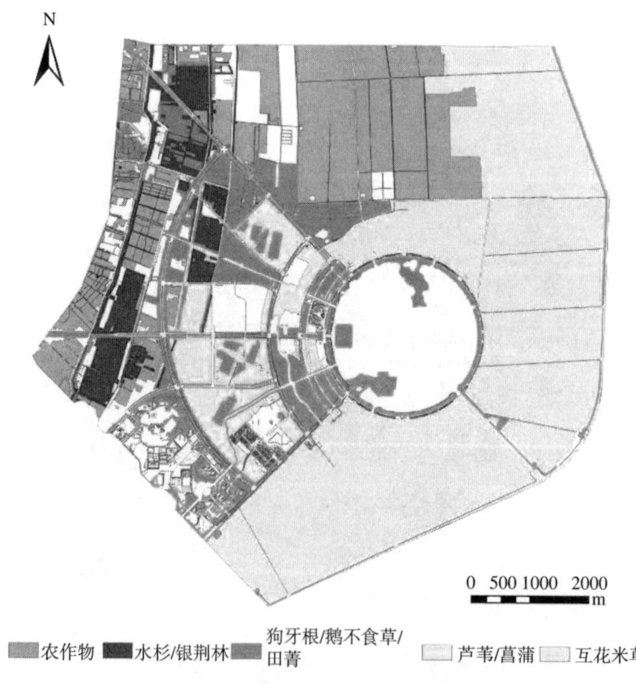

图8-8 临港新城优势植被覆盖分布

8.1.7 城市总体规划数据

在《上海市临港新城总体规划（2004 ~ 2020）》中，对临港新城的城市性质、发展方向、人口规模、土地利用、道路交通体系、公共设施等均进行了明确。

1. 土地利用总体规划

结合《城市用地分类与规划建设用地标准》（GB 50137-2011）以及本研究实际需要，将临港新城土地利用规划类型分为：水域、防护绿地、城市绿地、一类居住用地、二类居住用地、公共设施用地、公建商业综合用地、道路用地等 8 大类（图 8-9、表 8-6），其中建设用地规划面积约占区域总面积的 39%，各类绿地面积（主要为环形公共绿地和楔形防护绿地）约占 50%，具有较高的绿地率，为景观生态学途径的雨洪管理研究提供了较高的可行性和可操作性。

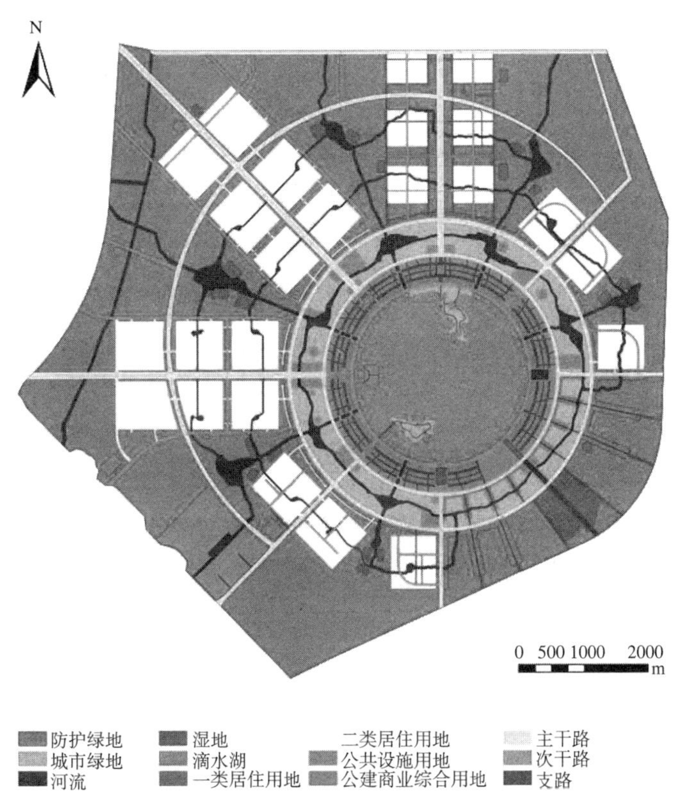

图8-9 临港新城土地利用总体规划

临港新城土地利用规划 表8-6

用地类型		规划面积（hm²）	比例(%)	用地类型		规划面积（hm²）	比例（%）
水域	滴水湖	453.27	6.55	二类居住用地		1080.19	15.61
	湿地	60.59	0.88	公共设施用地		294.71	4.26
	河流	351.92	5.08	公建商业综合用地		257.15	3.72
防护绿地		3111.78	44.96	道路用地	主干道	431.78	6.24
城市绿地		418.02	6.04		次干路	231.86	3.35
一类居住用地		47.02	0.68		支路	182.47	2.64

2. 道路系统规划

临港新城规划形成主干道、次干道及支路三级道路体系。主干道包括：环湖路、护城环路、临港大道、申港大道、海港大道等，道路系统如图 8-10 所示。本研究收集的道路数据包括道路体系、道路长度、道路红线、断面形式等。

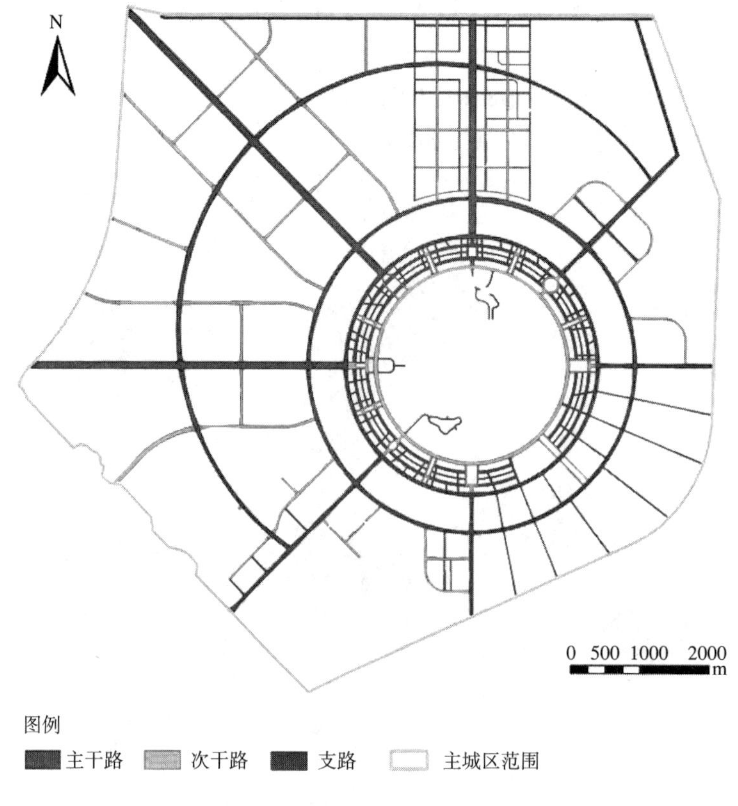

图8-10 临港新城道路系统规划

8.1.8 城市控制性规划数据

本研究获取了临港新城一期用地（由护城环路—上海海事大学西北边界—A2 公路—海港大道—环湖路—临港大道—白荆路围合的区域）的控制性规划数据，规划面积：21.10km^2，包括：NHC10101、NHC10102、NHC10103、NHC10104、NHC10105 五个控制编制单元的土地利用与开发强度控制指标（用地红线、建筑面积、建筑密度、建筑高度、容积率、绿地率等）。临港新城一期用地控制性规划如图 8-11 所示。

8.1.9 城市管网数据

本研究获取了临港新城一期用地的管网规划数据，临港新城目前的城市排水管网规划指导思想仍然是“工程硬排水”的传统排水理念，这与生态雨洪管理理念有所违背和冲突，在后续研究中，需要将 ESI 设施与排水管网工程加以综合考虑，对排水管网“灰色”基础设施加以优化、改造利用。

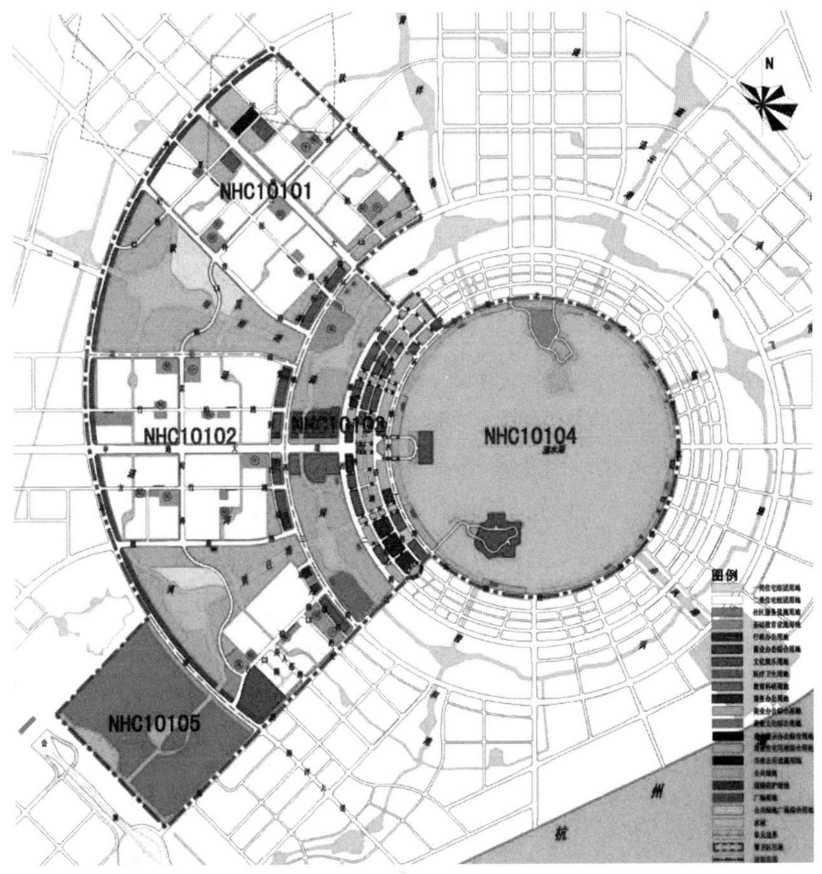

图8-11 临港新城一期用地控制性规划

8.2 生态雨水基础设施规划数据库的建立

将有关属性数据与空间数据进行相应处理后，通过关键字段建立关联，构建基于 GIS 环境的临港新城海绵城市生态雨水基础设施规划综合数据库。

第 9 章　临港新城海绵城市总体规划

9.1　汇水区划分

临港新城主城区是一个相对独立于外部区域的集水区，地势平坦，因而主干道路和水系是影响一级汇水区划分的主要因素。据此，本研究将临港新城划分为 84 个一级汇水区（图 9-1*a*），一级汇水区和一级土地开发的地块单元的划分基本一致。基于 DEM 高程模型，进一步对 84 个一级汇水区进行了内部二级汇水小区的划分（图 9-1*b*）。

针对一级汇水区进行的水文生态过程分析与模拟，后续主要应用在基于总量控制的区域生态雨洪管理与调控中；而针对二级汇水区进行的水文生态过程分析，更侧重于针对关键区域的雨洪调控管理。

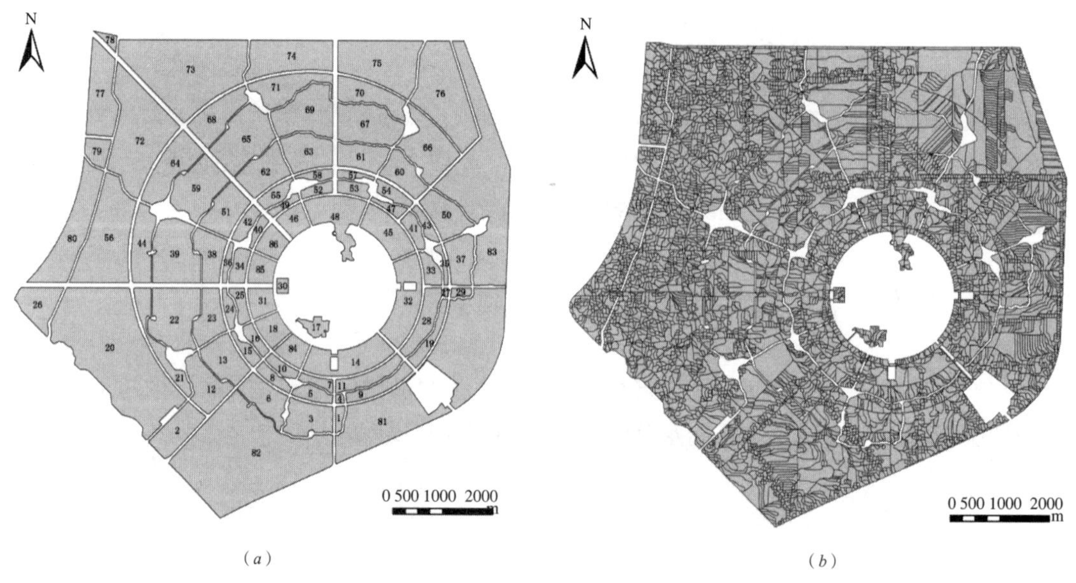

图9-1　两级汇水区的划分

9.2　雨洪生态过程模拟与分析

9.2.1　径流产流模拟

基于土地利用现状和总体规划的规划愿景，利用 SCS 模型对临港新城现状和未来建成后的地表径流产流量及其空间特征进行模拟与分析。根据径流削减目标，本研究模拟了一年一遇降雨事件下（LEED/CPv 标准降雨事件），临港新城的现状和未来两种情景下的地表径流产流量；根据水质保护目标，模拟了0.2年一遇降雨事件下（WQv标准降雨事件）临港新城未来的地表径流产流量，用于后续的径流污染负荷模拟与控制。

1. SCS模型的修正

由于中国与美国在气候、土壤和土地利用等方面有着明显不同，近些年来，国内一些学者引入SCS法，并对其进行了改进，包括模型参数的调整、公式的改进和利用统计方法对最终结果进行调整，并成功地应用在防洪、城市水文、污染物度量等方面。根据SCS模型的土壤分类标准，对临港新城土壤水文组进行了重新分类，最终得到符合SCS模型的土壤水文组分类结果。综合中国学者对SCS模型在上海地区的已有研究结果，并结合土地利用用地类型、土壤水文组和前期土壤湿润条件（AMC），对临港新城不同土壤水文组和土地利用/覆盖类型对应的λ、CN值等参数的取值范围做了修正，具体数值见表9-1[CN值为AMC II（中等）状态下]。

不同土地利用类型对应的λ、水文土壤组CN值　　表9-1

现状土地利用类型	λ	土壤水文组				规划土地利用类型	λ	土壤水文组			
		A	B	C	D			A	B	C	D
草地	0.05	49	69	79	84	防护绿地	0.05	36	60	73	79
耕地	0.05	58	72	81	85	城市绿地	0.05	49	69	79	84
林地	0.05	36	60	73	79	一类居住用地	0.08	51	68	79	84
水面	0.05	98	98	98	98	二类居住用地	0.08	90	93	94	95
滩涂湿地	0.05	32	58	72	79	公共设施用地	0.08	89	92	94	95
建设用地	0.08	90	93	94	95	公建商业综合用地	0.08	89	92	94	95
未利用地	0.05	78	82	87	95	道路用地	0.08	98	98	98	98

2. 径流深度模拟结果

由于土壤水文组、土地利用/覆盖类型等的不同，临港新城各汇水区在某单场降雨事件下的径流深度（Q）也不尽相同，甚至差异较大。图9-2a、9-2b分别表现的是在一年一遇降雨事件下，临港新城在开发建设前期的两级汇水区层面的径流深度空间分布情况。表9-2、图9-3分别表现的是在一年一遇降雨事件下，临港新城在未来的两级汇水区层面的径流深度空间分布情况。

一年一遇事件下临港新城未来一级汇水区层面不同土地利用规划类型与土壤水文组对应的径流深度Q值见表9-2。其中：道路用地的Q值最高，为77.66mm；其次为土壤水文组C对应的公共设施用地和二类居住用地，为72.88mm；土壤水文组A对应的防护绿地Q值最小，为11.12mm。总体而言，土壤水文组以及土地利用方式不同，地表透水率、径流系数也相应不同，城市开发利用强度与径流产流量正相关，开发强度越高，下垫面不透水面比例越高，径流产流量越大，而绿地则对降雨具有较好的入渗调蓄功能。

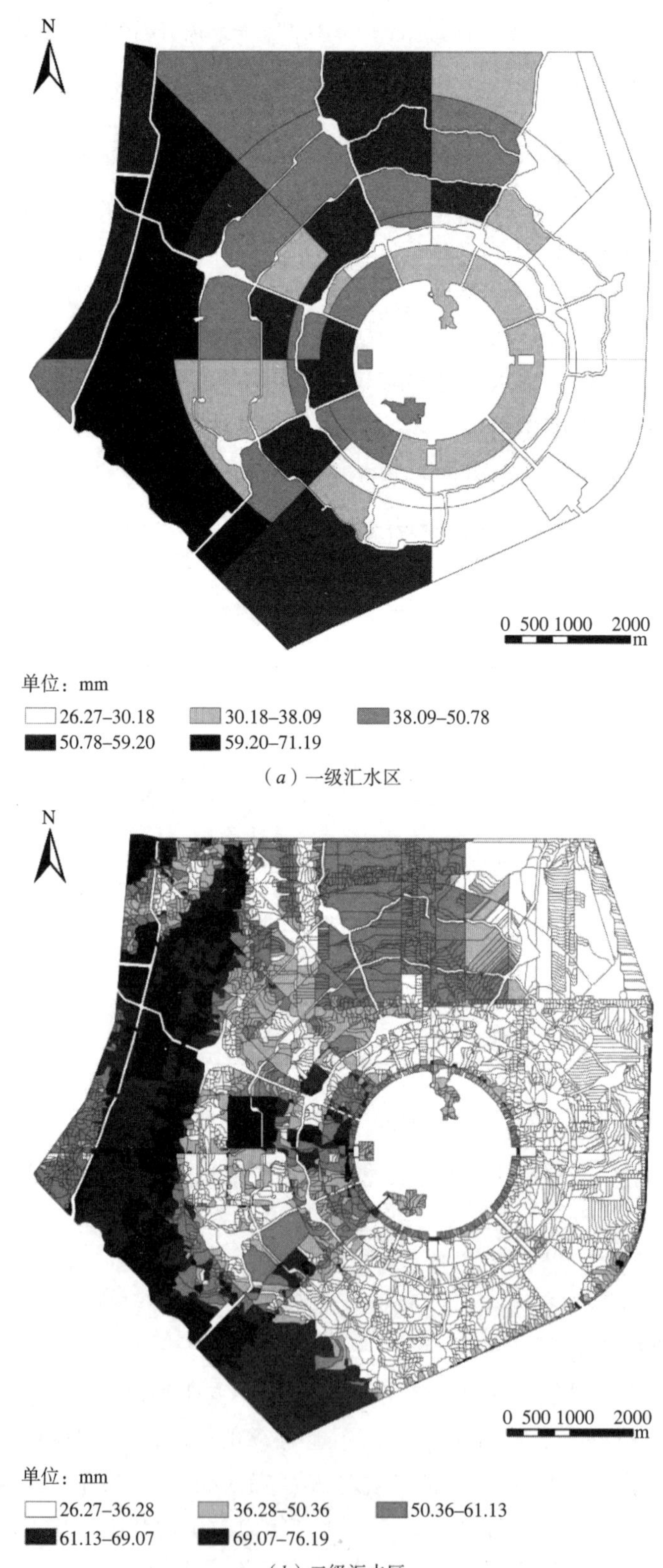

（*a*）一级汇水区

（*b*）二级汇水区

图9-2　开发建设前一年一遇降雨事件下的径流深度分布情况

一年一遇降雨事件下一级汇水区不同规划用地类型与土壤水文组的径流深度Q值（mm） 表9-2

土地利用规划类型	土壤水文组		
	A	B	C
防护绿地	11.12	42.44	62.63
城市绿地	23.22	48.21	66.29
一类居住用地	15.64	38.88	53.83
二类居住用地	67.98	71.68	72.88
公共设施用地	66.73	70.44	72.88
公建商业综合用地	66.72	70.44	72.88
主干路	77.66	77.66	77.66
次干路	77.66	77.66	77.66
支路	77.66	77.66	77.66

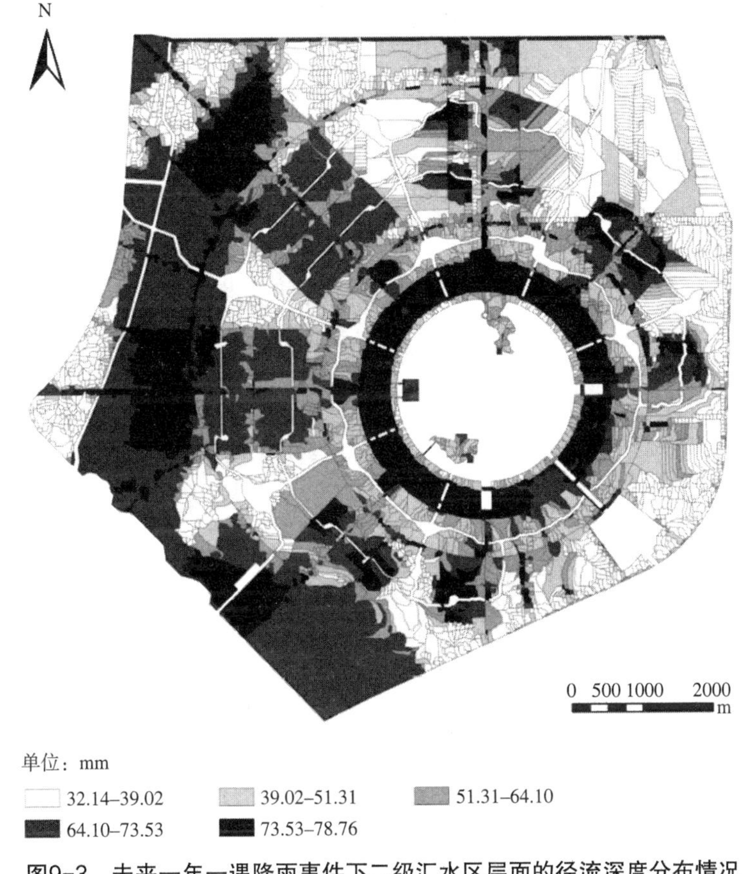

图9-3 未来一年一遇降雨事件下二级汇水区层面的径流深度分布情况

3. 径流产流量模拟结果

一年一遇降雨事件下，临港新城开发前的地表径流产流量的空间分布如图 9-4 所示，基于城市规划愿景的未来地表径流产流量的空间分布见图 9-5。

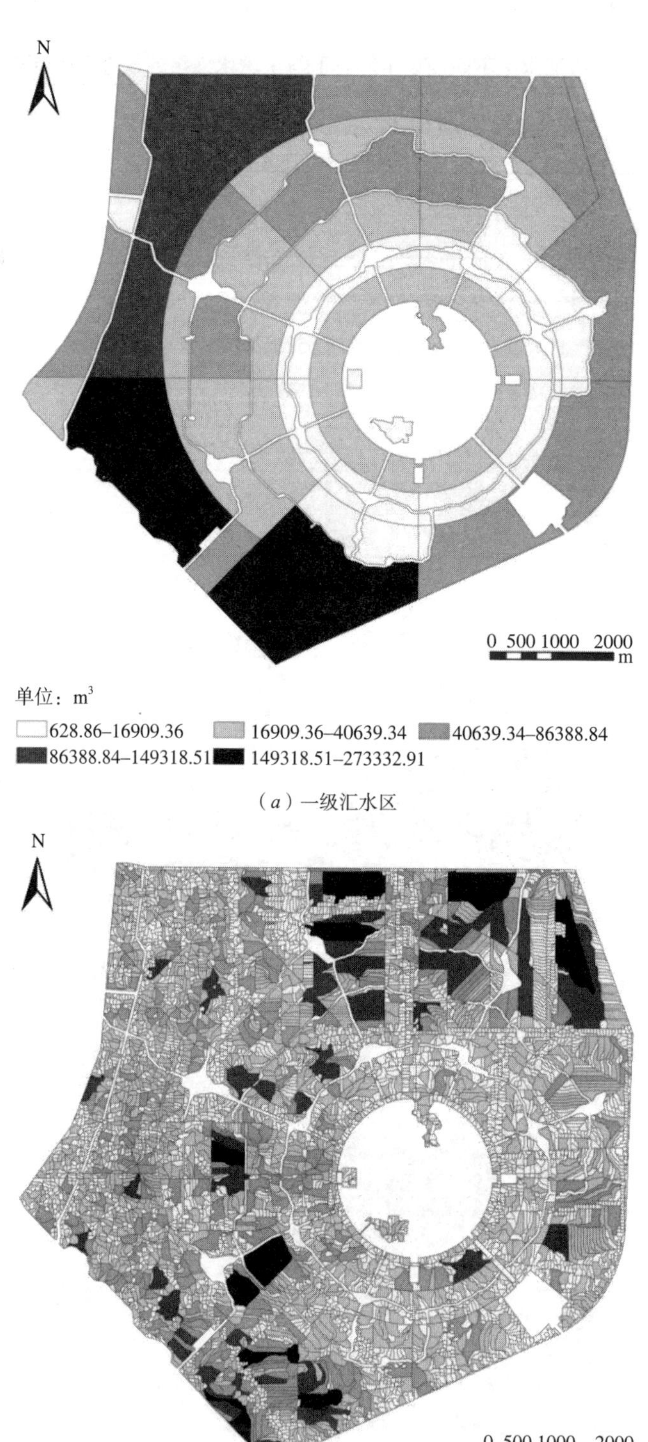

（a）一级汇水区

单位：m³

0.18–495.55
495.55–1380.94
1380.94–3287.62
3287.62–7334.23
7334.23–20331.57

（b）二级汇水区

图9-4 开发建设前一年一遇降雨事件下的径流产流空间模拟

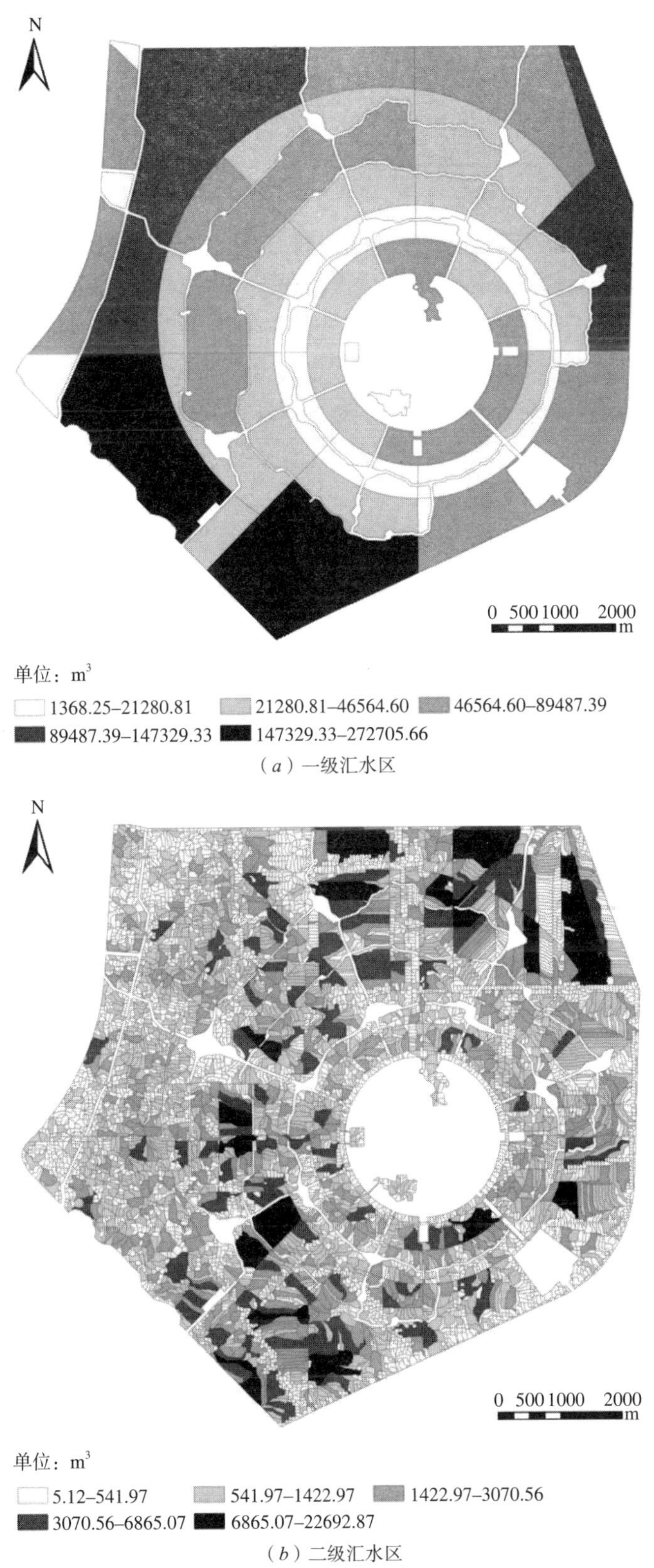

（*a*）一级汇水区

（*b*）二级汇水区

图9-5 未来一年一遇降雨事件下的地表径流产流空间模拟

模拟结果表明，开发前后，临港新城径流产流量出现了明显的变化，一年一遇降雨事件下，区域开发前的径流总量为 2721314.06m^3，开发后的径流总量增加到 3359090.93m^3，开发后相比开发前，径流产流总量增加了 637776.87m^3 即 23.44%。为确保实现“径流零增长”的调控目标，需要对此部分差值的径流量进行削减、调蓄。WQv 标准降雨事件下，临港新城径流产流总量为 1381700.98m^3。

各汇水区的产流特征差异较大，呈现出较强的空间异质性。由于土壤水文组类型、城市土地利用类型等的不同，各汇水区的产流情况差异较大。WQv 标准降雨事件下，产流量最小的一级汇水区，同时也是面积最小的汇水区，产流量为 555.94m^3；径流产流量的最多一级汇水区，达到 116779.00m^3；而面积最大的一级汇水区，产流量则为 54861.00m^3；说明径流产流量与汇水区面积大小有一定对应关系，但并非完全对应。

9.2.2 径流污染物负荷模拟

基于城市总体规划愿景，根据地表径流产流量模拟结果，选用流域非点源污染负荷计算 PLOAD 模型，对 WQv 标准降雨事件下的临港新城径流污染物负荷进行空间模拟分析，为后续径流污染控制提供依据。

1. 径流污染物平均浓度（EMC）值的确定

土地利用 / 土地覆盖类型不同，其对应的降雨径流污染物浓度亦不相同，结合已有的中国上海地区的相关研究成果，确定了不同城市用地规划类型对应的 NH_3-N、TP、TSS 等三种污染物的降雨径流污染物平均浓度 *EMC* 值，见表 9-3。

不同土地利用规划类型的径流污染物*EMC*值（mg/L）　　表9-3

规划用地类型	NH_3-N	TP	TSS	规划用地类型		NH_3-N	TP	TSS
防护绿地	1.27	0.65	442.70	公建商业	综合用地	2.19	0.87	699.86
城市绿地	0.71	0.52	151.73	道路	主干路	2.99	1.17	1,325.75
一类居住用地	0.52	0.26	258.43		次干路	2.72	1.23	579.25
二类居住用地	0.87	0.43	430.72		支路	2.08	0.74	359.81
公共设施用地	2.72	1.23	579.25					

2. 径流污染负荷模拟结果

临港新城WQv标准降雨事件下NH_3-N、TP、TSS三种径流污染物的总负荷量分别达到：2.27t、1.03t、797.33t，总体而言，临港新城未来的径流污染负荷以及滴水湖的水环境压力较大。图 9-6 ~ 图 9-8 分别对应表现的是 WQv 标准降雨事件下各一级汇水区的 NH_3-N、TP、TSS 三种降雨径流污染物的污染负荷空间分布模拟情况，图 9-9 ~ 图 9-11 分别对应表现的是 WQv 标准降雨事件下各二级汇水区的三种降雨径流污染物的污染负荷模拟情况。图 9-12 ~ 图 9-17 分别对应表现的是 WQv 标准降雨事件下两级汇水区三种降雨径流污染物的单位面积污染负荷空间分布情况。

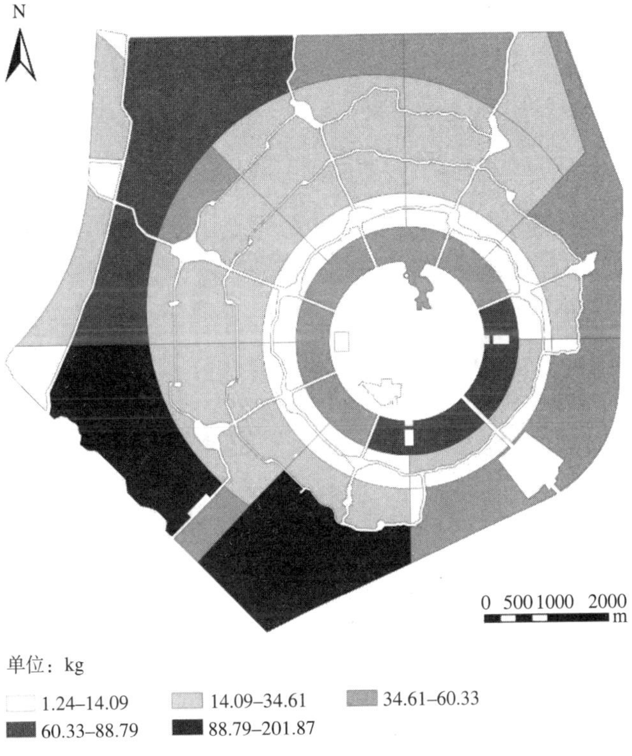

图9-6 一级汇水区NH_3-N径流污染物的空间分布模拟情况

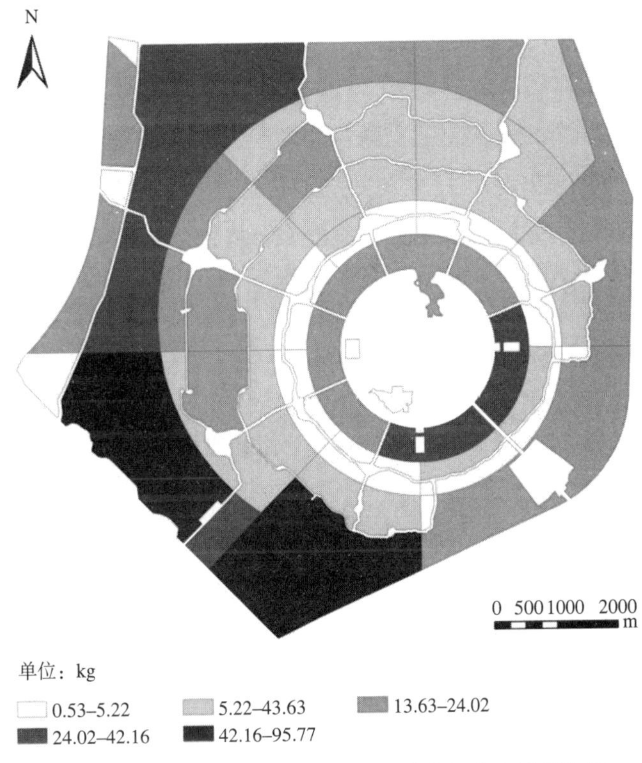

图9-7 一级汇水区TP径流污染物的空间分布模拟情况

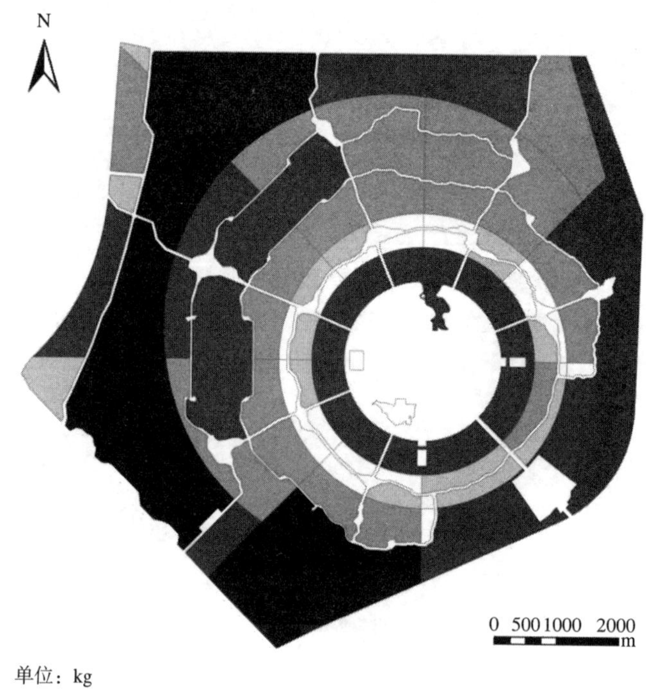

单位：kg

513.59–2451.51　2451.51–5102.46　5102.46–10367.18
10367.18–20191.12　20191.12–63000.94

图9-8　一级汇水区TSS径流污染物的空间分布模拟情况

单位：kg

0–0.34　0.34–0.95　0.95–2.17
2.17–4.70　4.70–17.27

图9-9　二级汇水区NH_3-N径流污染物的空间分布模拟情况

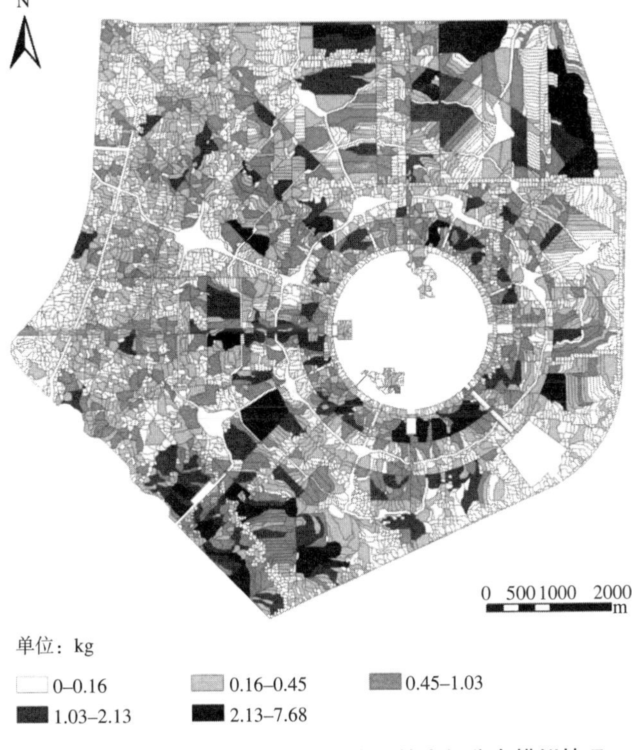

图9-10　二级汇水区TP径流污染物的空间分布模拟情况

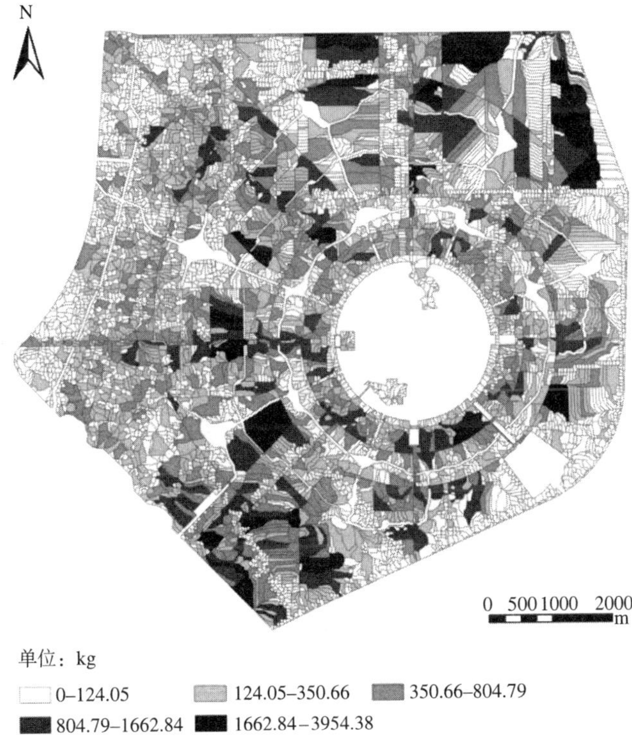

图9-11　二级汇水区TSS径流污染物的空间分布模拟情况

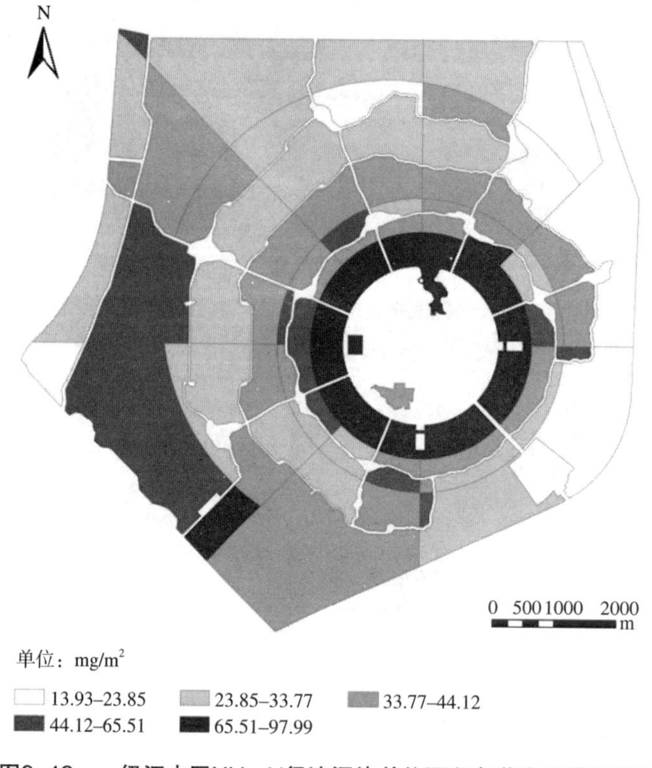

图9-12 一级汇水区NH_3-N径流污染单位面积负荷空间模拟情况

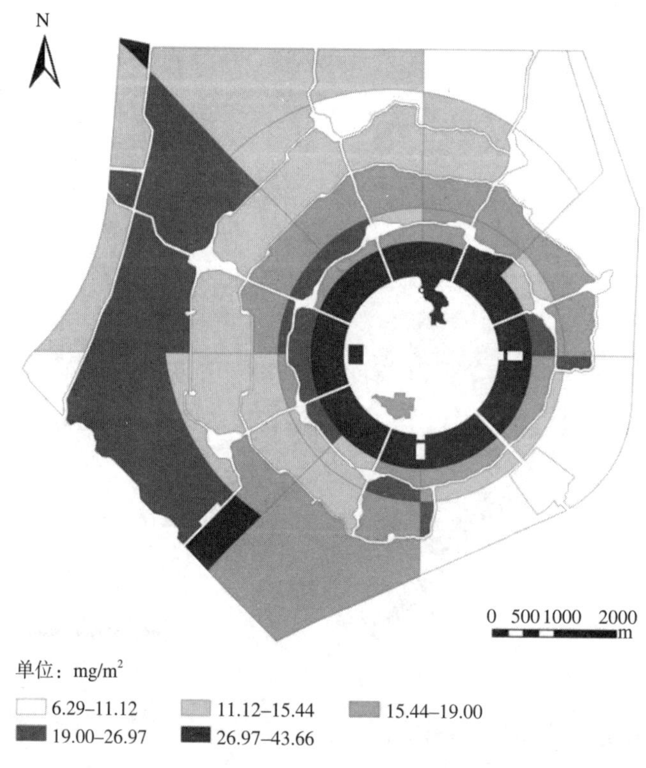

图9-13 一级汇水区TP径流污染单位面积负荷空间模拟情况

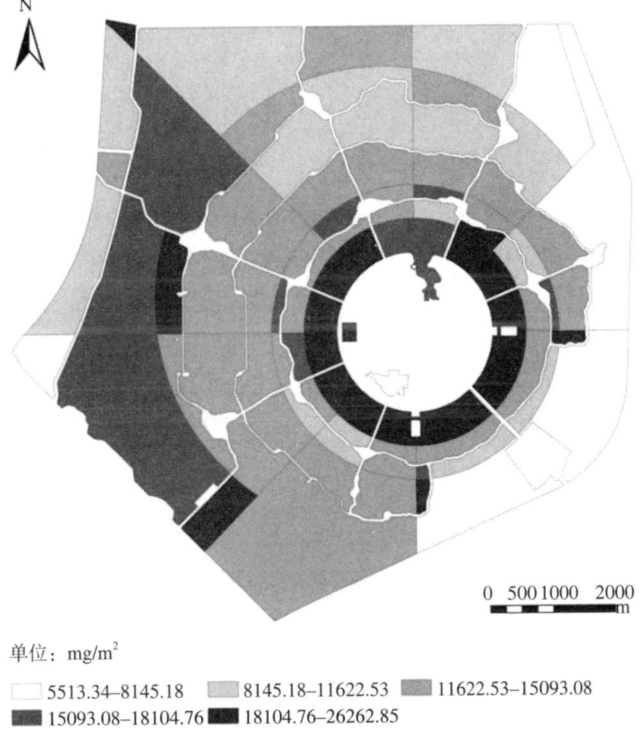

图9-14　一级汇水区TSS径流污染单位面积负荷空间模拟情况

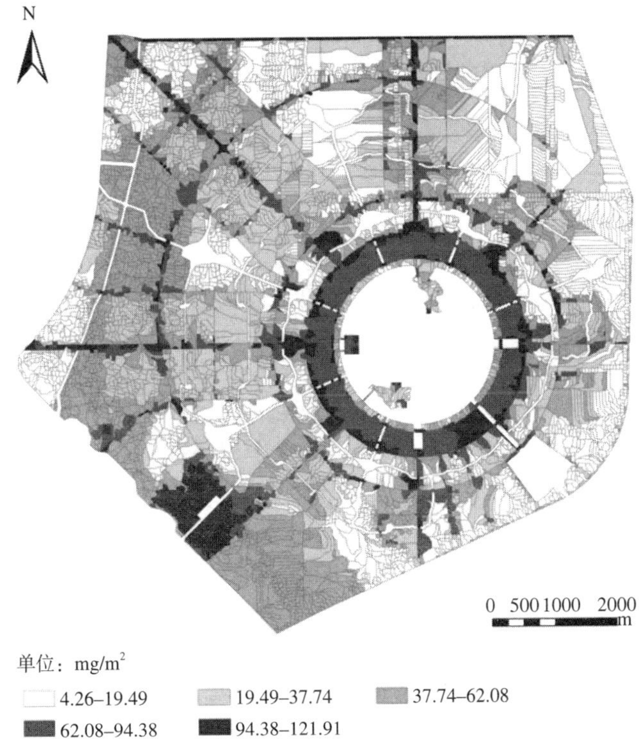

图9-15　二级汇水区NH_3-N径流污染单位面积负荷空间模拟情况

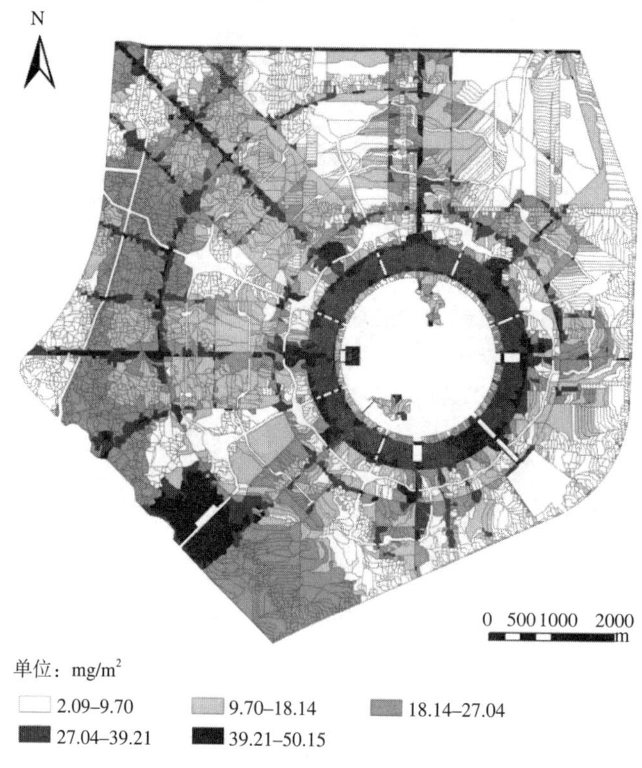

图9-16 二级汇水区TP径流污染单位面积负荷空间模拟情况

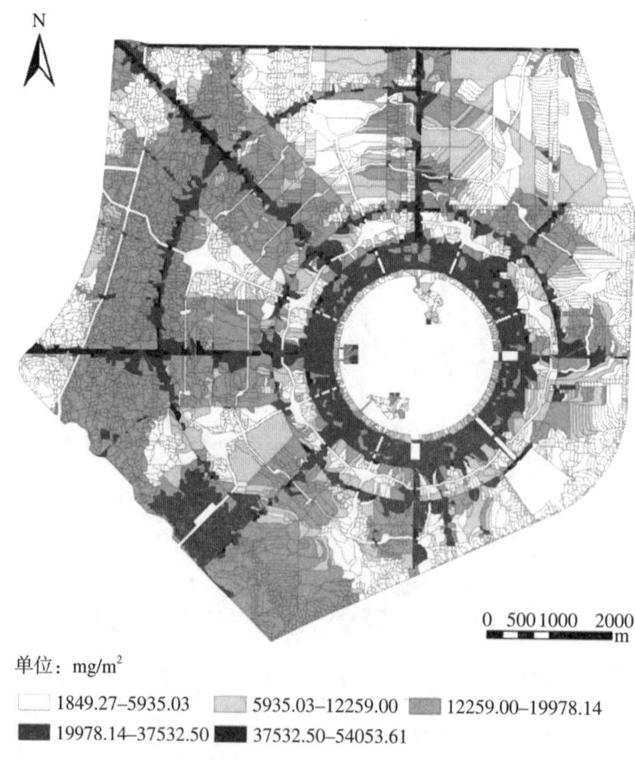

图9-17 二级汇水区TSS径流污染单位面积负荷空间模拟情况

NH_3-N、TP、TSS 污染物总量最高的一级汇水区，分别达到 201.87kg、95.77kg、63000.94kg；二级汇水区则分别为 17.27kg、7.68kg、3954.38kg。NH_3-N、TP、TSS 单位面积径流污染负荷最高的一级汇水区，三种污染物分别达到 97.99mg/m^2、43.66mg/m^2、26262.85mg/m^2；二级汇水区，三种径流污染物单位面积负荷最高分别为：121.91mg/m^2、50.15mg/m^2、54053.61mg/m^2。无论是从一级汇水区层面还是二级汇水区层面，三种径流污染物的空间分布特征虽有所差异，但表现出较强的空间一致性，尤其是 NH_3-N、TP 的吻合度较高。在后续的径流污染控制中，可将三类径流污染源结合起来考虑，采取综合调控管理措施。

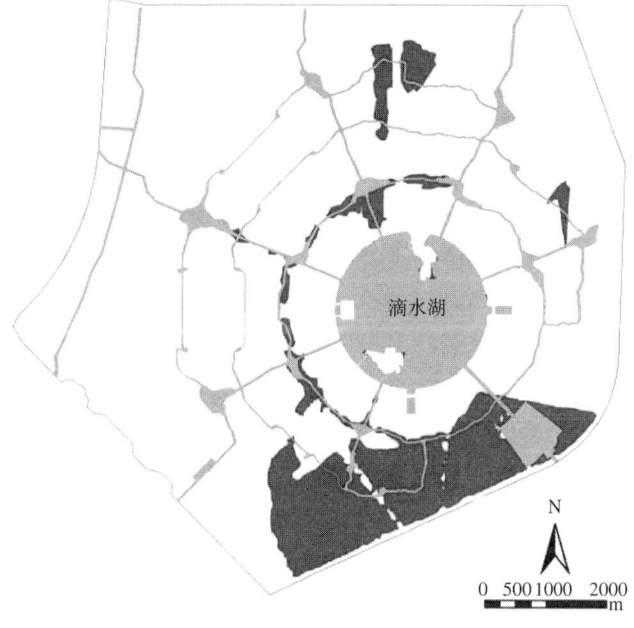

图9-18　洪水淹没模拟情况

9.2.3　洪水淹没模拟

根据河道断面图的参数，生成河道 3D 模型，结合 DEM 数字高程模型，模拟洪水淹没生态过程，得出在 3.3m 最高水位时的洪泛区的位置和范围，如图 9-18 所示。模拟结果显示，在最高洪水水位时，约有 7.34km^2 的陆地面积会被洪水淹没，占临港新城总面积的 10.61%，其中建设用地淹没面积约 2.30km^2，占建设用地的 9.11%。各类规划用地类型的洪水淹没面积情况见表 9-4。

不同城市规划用地类型的洪水淹没面积与淹没比例　　表9-4

规划用地类型	淹没面积（hm^2）	淹没比例（%）
防护绿地	411.42	13.22
城市绿地	93.17	22.29
二类居住用地	91.37	8.46
主干路	40.96	9.49
公建商业综合用地	39.19	15.24
次干路	19.76	8.52
支路	19.14	10.49
公共设施用地	13.79	4.68
一类居住用地	5.57	11.85
总计	734.37	10.61

9.2.4 暴雨内涝淹没模拟

采用GIS中“无源淹没”方法，模拟一年一遇降雨事件下的受淹范围。首先结合SCS模型的径流产流量模拟结果，确定与之对应的暴雨淹没体积，其次利用GIS 3DAnalyst模块中的“surface analysis–area and volume”工具，计算对应的84个一级汇水区的暴雨淹没深度，最后利用GIS中的“spatial analyst”模块下的“raster caleulator”工具，得出一年一遇降雨事件下的淹没区面积和分布范围（图9-19），各类规划用地类型的内涝淹没面积情况见表9-5。临港新城18.67km^{2}的陆地面积会被淹没，占总面积的26.98%，其中建设用地淹没面积为7.61km^2，占总建设用地面积的30.14%。

不同城市规划用地类型的内涝淹没面积与淹没比例　　表9-5

规划用地类型	淹没面积（hm^2）	淹没比例（%）
防护绿地	952.82	30.62
城市绿地	153.54	36.73
二类居住用地	145.18	13.44
主干路	99.39	23.02
公建商业综合用地	77.21	30.03
次干路	68.13	29.38
支路	65.34	35.81
公共设施用地	17.30	5.87
一类居住用地	15.60	33.18
总计	1，867.33	26.98

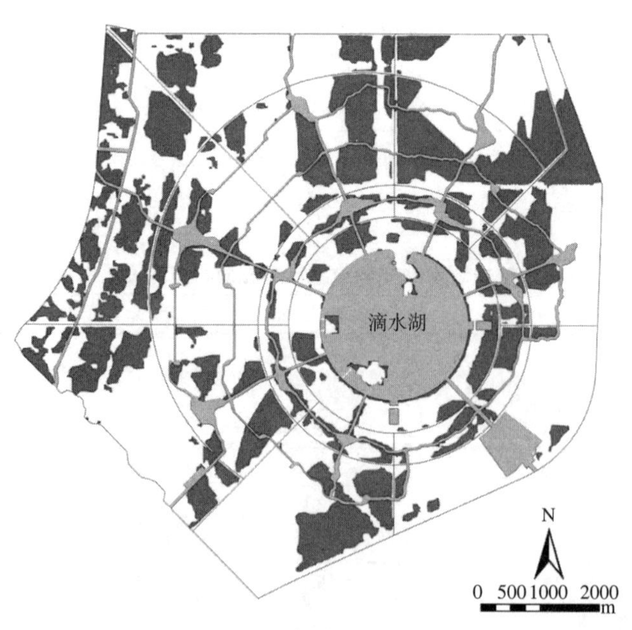

图9-19　暴雨内涝淹没模拟情况

9.2.5 雨水资源化利用分析

由于临港新城濒临东海的特殊地理位置，是一座吹沙成陆的新城，地下水位高，土壤渗透系数小，耐压能力差，加上现状大面积区域为滩涂和水域，因而雨水下渗、补给地下水的可行性较低。结合临港新城实际情况，其雨水资源化利用可分为两个主要方面，一是收集雨水，蓄淡洗盐，降低土壤与地下水含盐量，改善生境；二是回收利用，作为生活杂用水、市政杂用水与景观用水等的水源，缓解淡水资源紧缺的局面。

不同城市规划用地的雨水资源化需求与利用方式 **表9-6**

城市用地类型	径流特征	人类行为活动特征	雨水资源化利用的目的	用水量指标	雨水回收利用需求	雨水资源化利用技术
防护绿地/城市绿地	径流污染浓度较低，径流产流较低	休闲游憩活动为主，人口密度较低	降低土壤与地下水含盐量、改善生境；景观用水；绿化灌溉	0.1	低	利用景观湿塘、湿地等低洼地集蓄雨水
一类/二类居住用地	建筑屋面雨水污染浓度物较低，居住区道路雨水污染物浓度也相对较低	居住、安静活动为主，人口密度较高	降低土壤与地下水含盐量，改善生境；生活杂用水；景观用水	1.2	高	建筑屋面雨水收集；结合人居环境建设景观水体
公共设施/公建商业综合用地	不透水下垫面比例较高，硬化地面径流污染物浓度高，建筑屋面雨水污染物浓度相对较低	办公、商业、娱乐活动为主，人口密度高	生活杂用水；景观用水；市政杂用水	0.8	高	建筑屋面雨水收集为主
道路用地	径流污染尤其是初期雨水污染物浓度很高	出行，流动性较强	市政杂用水，如：道路冲洗、消防用水等	0.2	低	污染控制为主，收集利用为辅

注：用水量指标参考我国《城市给水工程规划规范》（GB 50282-1998）和《室外给水设计规范》（GB 50013-2006）确定，单位：$10^5m^3/(km^2 \cdot d)$。

城市总体规划中的不同规划用地类型，有着不同的土地利用方式、开发强度和人类活动行为特征，其雨水资源化利用需求与雨水利用方式也相应不同（表9-6、图9-20），其中：居住用地、公共设施用地和公建商业综合用地的雨水回收利用需求较高。根据《城市给水工程规划规范》（GB 50282-1998）、《室外给水设计规范》（GB 50013-2006），确定居住用地、公共设施和公建商业综合用地的日用水量指标分别为 $1.2\times10^5m^3/km^2$、$0.8\times10^5m^3/km^2$。

雨水回收利用储存设施的规模可根据用水量指标计算，具体公式为：

$$W=Q\times T \tag{9-1}$$

式中：W 表示储存池体积，m^3；Q 为日用水量，m^3/d；T 表示雨水回用时间，d。《建筑与小区雨水利用工程技术规范》（GB 50400-2006）中提出，雨水回用系统的最高日设计用水量不宜小于集水面日雨水设计径流总量的40%，即 $T<2.5d$。按照此标准，居住用地、公共设施和公建商业综合用地的人工雨水存储设施的最大建设规模标准为 $3\times10^5m^3/km^2$、$2\times10^5m^3/km^2$。

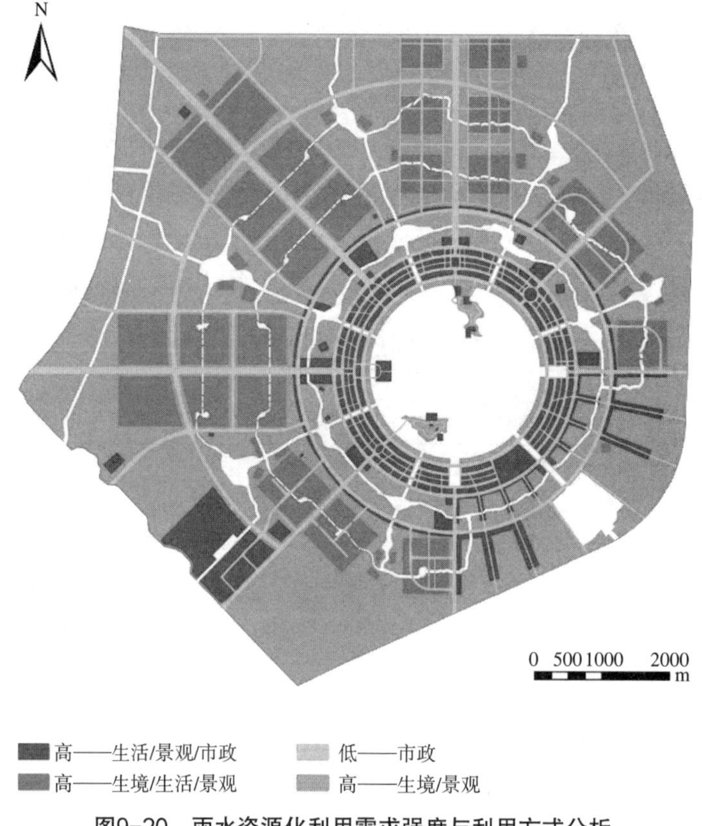

图9-20 雨水资源化利用需求强度与利用方式分析

9.3 重点区域与战略点判定

9.3.1 重点区域划分

1. 径流削减重点区域

根据产流量模拟结果，分别在一级汇水区、二级汇水区两个层面上，对区域未来地表径流产流较高的重点区域进行判别（一级汇水区层面 $Q \geqslant 44.57$mm；二级汇水区层面：$Q \geqslant 54.12$mm），这些区域是未来径流削减的关键区域。分析结果表明，一级汇水区、二级汇水区中，未来的地表径流产流重点区域分别占临港新城总面积的约 43.10% 和 39.24%。临港新城地表径流削减重点区域的空间分布见图 9-21、图 9-22，环湖公建商业综合带、高密度居住用地、公共设施用地等不透水地面比例较高、开发强度较大的土地利用类型以及西侧成陆较早、土壤下渗系数较低的片区，是径流产流量较大的重点区域。

2. 水质保护重点区域

分别在一级汇水区、二级汇水区两个层面上，对 NH_3-N、TP、TSS 三种地表径流污染物单位面积污染负荷较高的区域（一级汇水区层面：单位面积 NH_3-N 污染负荷 ≥ 44.12mg/m^2、TP ≥ 19.00mg/m^2、TSS ≥ 15093.08mg/m^2；二级汇水区层面：单位面积 TN_3-N 污染负荷 ≥ 62.08mg/m^2、TP ≥ 27.04mg/m^2、TSS ≥ 19978.14mg/m^2）进行综合空

间叠加，得到临港新城未来径流污染的重点控制区域，后续对于这些区域的径流污染控制是保障区域水质和水体生态环境的重点。

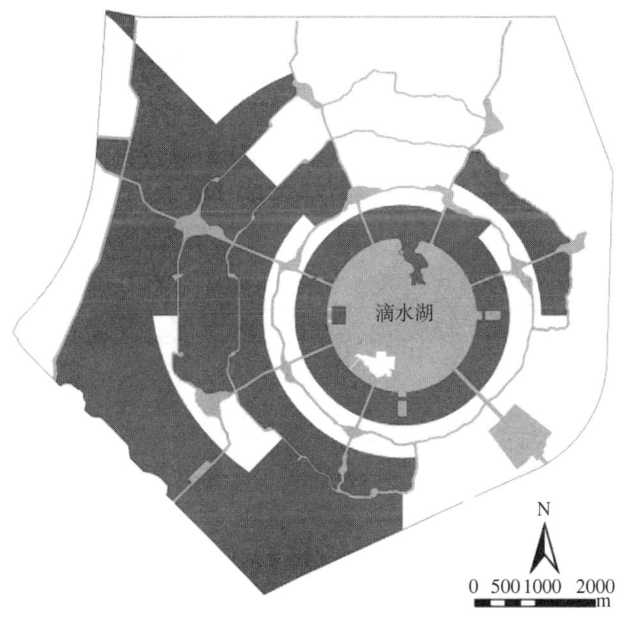

图9-21 一级汇水区层面径流削减重点区域分析

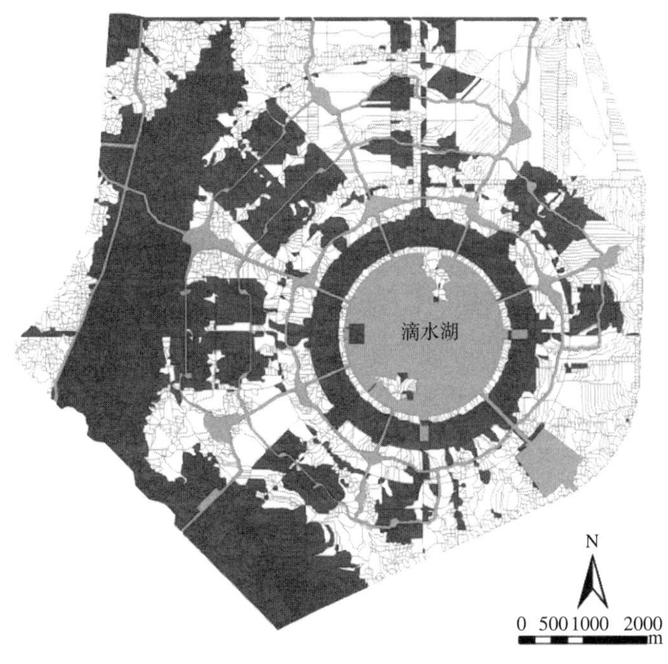

图9-22 二级汇水区层面径流削减重点区域分析

分析结果显示，一级汇水区、二级汇水区中，地表径流污染重点区域分别占临港新城总面积的约 55.05%、18.52%。在一级汇水区层面，如图 9-23 所示，径流污染高负荷区域主要集中在土地开发强度较高的区域，例如：环湖公建商业综合用地以及西南部的新城一期建设启动区。此外，护城环路西侧的部分地区，土壤渗漏率较小，土壤对径流污染的渗透净化功能无法充分发挥，因而径流产流量与污染负荷也较高。

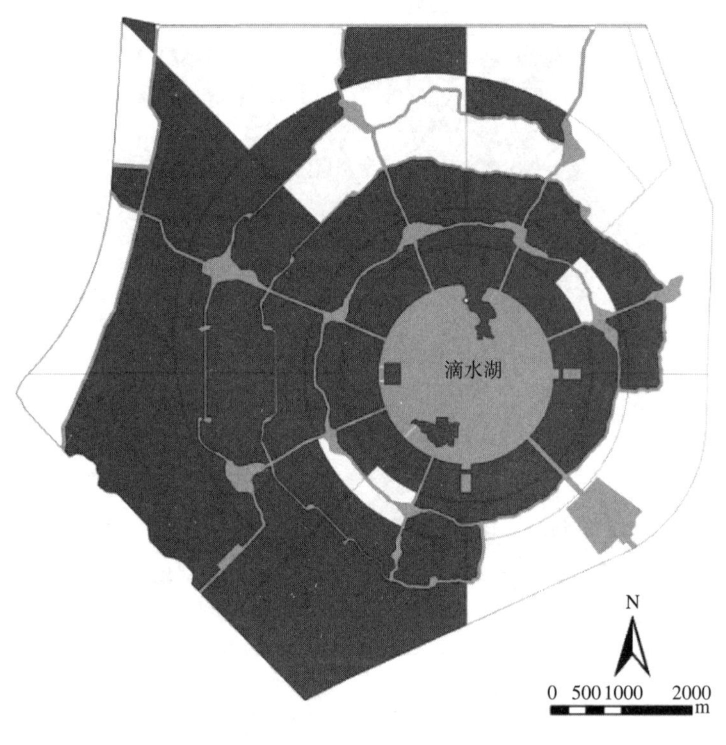

图9-23 一级汇水区层面径流污染重点控制区域分析

在二级汇水区层面，如图 9-24 所示，其空间分布表现出显著的放射形特征，公建商业用地与城市主干道路是径流污染的两大高负荷重点区域。主要为：环湖路、护城环路等主干环路，海港大道、申港大道、临港大道等主干射线道路，环湖公建商业综合地带以及护城环路公共设施用地区域，尤其是环湖公建商业综合用地地带，与滴水湖之间空间距离很近，且生态缓冲区较小。

3. 洪涝控制重点区域

根据洪水过程模拟结果显示，在最高洪水水位时，临港新城约有 7.34km^2 的陆地面积会被洪水淹没，占总面积的 10.61%，其中建设用地淹没面积约 2.30km^2，占建设用地的 9.11%，尤其是南部靠近杭州湾的区域（滴水湖入海口“南汇嘴”附近）将形成大范围的洪水淹没区。这些区域（空间分布见图 9-18）原则上应划定为禁止建设区和限定建设区，规划为生态滞洪自然湿地区。

根据内涝淹没模拟结果，一年一遇降雨事件下，临港新城 18.67km^2 的陆地面积会被淹没，占总面积的 26.98%，其中建设用地淹没面积为 7.61km^2，占建设用地总面积的 30.14%（空间分布见图 9-19）。由于地势低洼，临港新城在暴雨下会有大范围的淹没区，建设用地与暴雨内涝淹没区的用地矛盾尤其突出，在这些区域除了需要规划生态滞洪调蓄 ESI，还应加强建设用地的地形改造以及人工排水设施的建设。

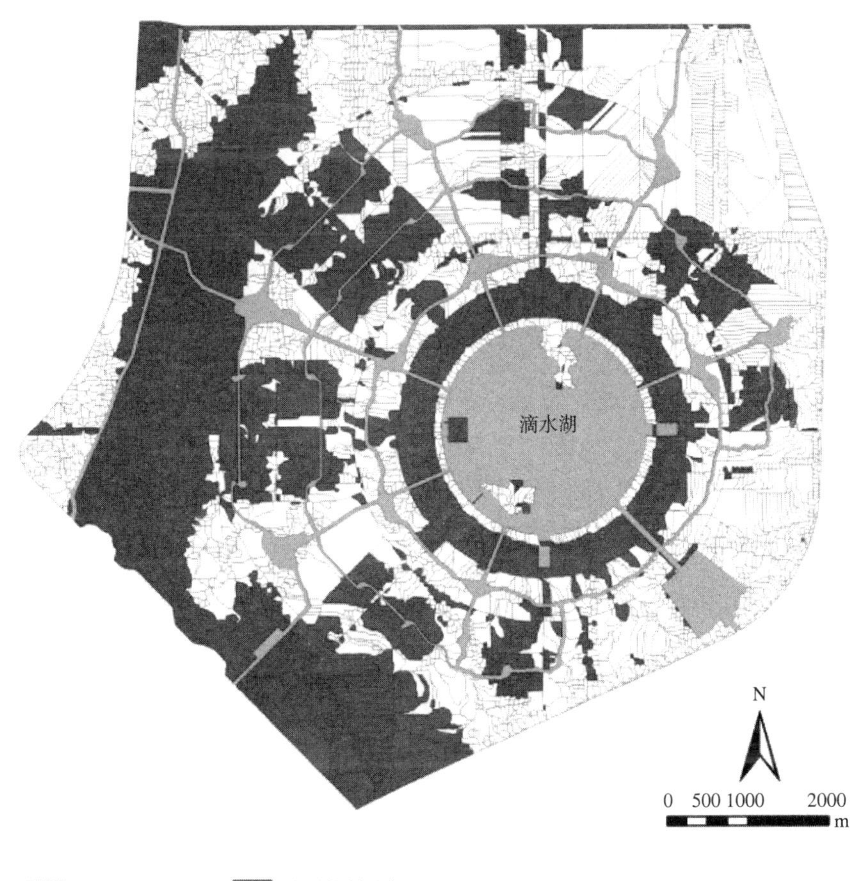

图9-24　二级汇水区层面径流污染重点控制区域分析

9.3.2　战略点判定

1. 径流汇流过程分析

利用 DEM 高程模型，基于 D8 算法，模拟在原始地形下地表径流的汇流路径（图 9-25），为后续生态雨水基础设施潜在关键位置（战略点）的判别提供依据。

2. 生态雨洪管理的战略点判定

根据“源头—过程—终端（source-transport-sink，STS）”的分级生态雨洪管理理念，结合径流汇流过程，对重点汇水区中地表径流交汇点的洼地、坑塘、滩涂、湿地等生态雨洪过程与终端控制中的潜在 BMPs-ESI 战略点进行判定，判定方法示意图如图 9-26 所示。

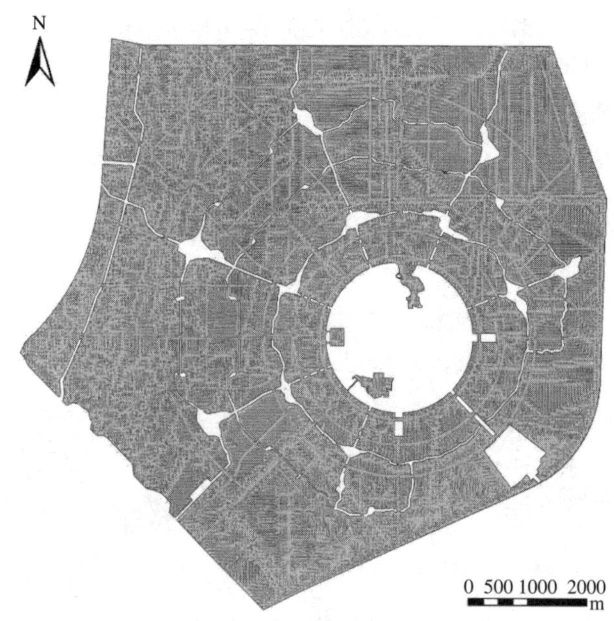

图9-25 地表径流路径分析

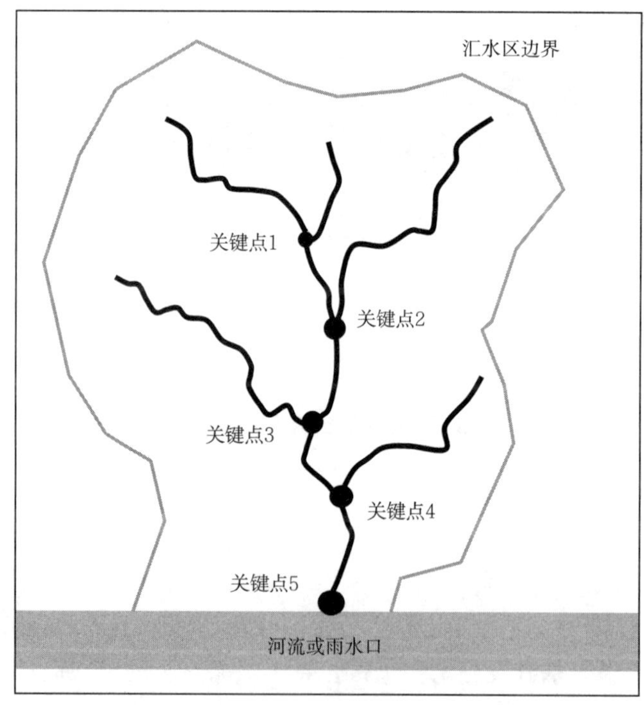

图9-26 BMPs-ESI战略点判定方法示意

9.4 BMPs-ESI 适宜性分析与评价

从生态、经济、社会以及建设场地要求、景观价值等多角度，对目前比较常见的生态雨水基础设施（ESI）在临港新城的适宜性进行了对比分析与评价，并提出相应的应用建议。临港新城属于滨海新成陆地区，生态环境亟待修复与改良，ESI 对于区域生态环境的培育功能，是相比其他地区需要考虑的重要额外因素（表 9-7）。

常见生态雨水基础设施（ESI）在临港新城的适宜性比较分析与评价 表9-7

项目 \ ESI类别			植被过滤带	植被草沟	生物滞留系统	暴雨塘		雨水湿地	渗透塘
						渗透塘	滞留塘		
生态性	暴雨调蓄	峰值削减	差	差	中	高	高	较高	较高
		体积削减	差	差	中	高	高	较高	较高
	污染物去除率（%）	TSS	60	50	90	70	80	80	75
		TN	25	10	60	20	50	40	30
		TP	20	20	50	20	30	30	25
		大肠杆菌	—	—	80	40	70	70	90
		金属物	20	20	90	40	50	50	65
	雨水回收利用		难	难	易	一般	易	易	较难
	植被生态潜力		低	低	高	低	中	中	中
	对区域生境培育的贡献		中	低	较低	一般	高	高	一般
经济性	建造费用		低	低	较高	低	较高	较高	高
	维护费用		低	低	较高	中	较高	较高	高
	维护程度		易	易	较难	中	较难	较难	难
社会性	景观潜力		低	低	高	中	高	高	中
	是否有安全问题		否	否	否	是	是	是	是
	公众接受程度		高	高	高	中	中	中	低
建设场地要求	汇流面积（hm^2）		≤2	≤2	≤2	≥2	4 ~ 10	2 ~ 10	≤4
	占汇流面积率（%）		10 ~ 20	10 ~ 20	5	0.5 ~ 3	2 ~ 3	3 ~ 5	0.5 ~ 5
	绝对占地面积		小	小	小	中	较大	大	中
	相对占地面积		大	大	中	小	小	较小	较小
	坡度（%）		≤2	≤2	≤6	≤6	≤15	≤8	≤6
	距最高地下水位（m）		≥0.6	视类型	视类型	≥0.6	—	—	≥1.1 ~ 1.8
	土壤要求		较严	视类型	低	一般	低	低	高
应用评价与建议	应用适宜性		一般	一般	一般	一般	适宜	适宜	不适宜
	处置方式	源头处置	√	√	√				
		过程传输		√					
		末端处置				√	√	√	√
	适用区域	低密度区	√	√	√	√	√	√	√
		高密度区	√	√	√				
		严重污染区			√		√	√	

续表

项目 \ ESI类别		植被过滤带	植被草沟	生物滞留系统	暴雨塘		雨水湿地	渗透塘
					渗透塘	滞留塘		
应用评价与建议	应用总体评价	一般	一般	较好	一般	好	好	差
	应用建议	绿色道路廊道与河岸植被缓冲带两种类型	预处理和连通传输设施	高密度区域内小范围内应用	适当应用，大型绿地低洼处	优先应用，大型绿地低洼处	优先应用，河口雨水湿地	不建议考虑

注：参考向璐璐，《雨水生物滞留技术设计方法与应用研究》，2009。

比较分析与评价结果表明，植被过滤带和植被浅沟虽然建造和维护费用低、相对占地面积小，但生态性能一般，一般与处理措施或与其他生态措施结合使用。具体到临港新城而言，植被过滤带主要有绿色道路（道路径流源头控制）与河岸植被缓冲带（自然汇流终端控制）两种方式应用，植被浅沟主要作为预处理和连通传输设施（绿色水道）。生物滞留设施主要有雨水花园、滞留花坛、树池等多种形式，其中以雨水花园最为流行，其水质净化效果较好、占地面积小、景观价值高、应用灵活，且易于雨水回收利用，比较适合处理频繁的小降雨事件，适合在不透水面积比例较高的高密度公共设施与商业办公区的小范围内，作为就地、分散式的LID-ESI措施应用。渗透塘适合建在土壤透水性较好、地下水位较低的区域，地下水位较高会限制渗透和过滤设施的使用，同时渗透塘的建造成本较高、维护相对困难，不适合在临港新城推广应用。与此对应的是，滞留塘、雨水湿地适用于不透水性土壤，且一般需要较高的地下水位，以保持正常水位。

从暴雨体积与洪峰削减、污染物净化程度、景观和生态性能以及建设成本与维护等多角度综合考虑，滞留塘和雨水湿地特别适用于地下水位较高的地区，并能够收集淡水、降低土壤与地下水含盐量、提供生物栖息地，对临港新城的生境培育和生物多样性保护的作用显著，虽然绝对占地面积大，但相对占地面积小，而临港新城较高比例的城市公园、防护绿地等开敞空间以及占土地利用面积 1/2 以上的现有湿地和水域，也为滞留塘和雨水湿地提供了较多的用地空间，降低了建造成本，因而两者是比较理想的集中式 BMPs-ESI 措施，建议优先应用。

9.5 BMPs-ESI 构建策略

基于生态雨水基础设施规划的总体目标，在水文生态过程模拟分析、生态雨洪管理的重点区域与关键点判别、BMPs-ESI 分析与评价等的基础上，提出区域尺度的 BMPs-ESI 构建策略，包括 BMPs-ESI 的类型、位置以及设计规模等，详见表 9-8。BMPs-ESI 主要规划于生态雨洪管理的重点区域。

从节约用地、经济性以及发挥生态系统综合服务价值的角度，基于洪涝控制与径流削减、水质保护以及雨水资源化利用等单个雨水管理目标的 BMPs-ESI 之间不是相互割裂，而是相互联系的，应尽量统一，才能使城市生态雨洪管理能够以较低的成本和实用的方式得以解决。

BMPs-ESI构建策略 表9-8

<table>
<tr><th>目标</th><th>控制要素</th><th>对策</th><th>BMPs-ESI的位置</th><th>BMPs-ESI的规模</th></tr>
<tr><td rowspan="3">洪涝控制与径流削减</td><td>洪水灾害</td><td>湿地滞洪区</td><td>洪水淹没区</td><td rowspan="2">洪水和暴雨淹没区原则上划定为禁止建设区，作为BMPs-ESI用地；当规划建设用地与BMPs-ESI用地发生较大冲突时，建设生态滞洪BMPs-ESI的同时，可结合地形改造以及人工排水设施的建设，减少BMPs-ESI用地面积</td></tr>
<tr><td>暴雨内涝</td><td>滞留塘、雨水湿地</td><td>暴雨淹没区</td></tr>
<tr><td>径流削减</td><td>滞留塘、雨水湿地</td><td>径流削减重点汇水区，根据战略点判定方法确定BMPs-ESI的具体位置</td><td>确保一年一遇降雨事件下开发前后“径流零增长”的RRv以及Cpv标准的处理规模[a]</td></tr>
<tr><td rowspan="5">水质保护</td><td>径流污染源头与过程控制</td><td>绿色道路廊道</td><td>绿色道路廊道分布于主干道路沿线，内含预处理和传输设施，如：植被草沟、过滤砂池</td><td>绿色道路廊道设计宽度参考道路红线规划</td></tr>
<tr><td rowspan="4">径流污染终端控制</td><td>滞留塘</td><td>水质保护重点汇水区，根据战略点判定方法确定BMPs-ESI的具体位置</td><td rowspan="4">与WQV相当规模的BMPs-ESI[b]；基于一般水质保护目标，湿地一般占流域面积1%～5%；基于河流水质保护目标，河岸植被缓冲带最少10m宽，河岸植被带的宽度还需参考河道蓝线规划</td></tr>
<tr><td>传输系统（绿色水道）</td><td>连通滞留塘与主干河道</td></tr>
<tr><td>雨水湿地</td><td>主干河道入湖处、环滴水湖周边区域</td></tr>
<tr><td>植被缓冲带</td><td>沿主干河道水位变动区以上陆地部分</td></tr>
<tr><td colspan="2">雨水资源化利用</td><td>自然或人工雨水蓄存设施</td><td>在雨水回收利用需求较大的区域建设人工雨水回收利用设施</td><td>结合以洪涝控制、径流削减、水质保护为目标的BMPs-ESI，规划自然式ESI，雨水回收利用设施建设的参考规模参照章节9.2.5</td></tr>
</table>

a. 美国BMPs设计导则中要求处理设施的规模应为需处理雨水量的1.5倍左右，以确保处理效率，本研究BMPs-ESI的设计规模取需处理雨水量的等值，其余部分由LID-ESI承担。

b. BMPs-ESI设计规模说明同上。

BMPs-ESI 的用地规模一般取“生态安全底限阈值”，尽量减少与城市建设用地的矛盾。BMPs-ESI 占地面积的计算公式如下：

$$A_{BMPs} = T_V / H_{BMPs} \qquad (9\text{-}2)$$

式中：A_{BMPs} 表示 BMPs-ESI 处理设施的占地面积，m^2；T_v 表示汇水区不同雨洪生态调控管理目标对应的雨水处理体积（treatment volume），m^3；H_{BMPs} 表示 BMPs-ESI 处理设施的平均设计深度，m。

不同雨洪管理目标对应的 BMPs-ESI 的 T_v 计算标准见表 9-9。本研究中雨水湿地的平均深度取 1.0m；滞留塘的平均深度一般取 1.0 ~ 3.0m（Research and Development Washington，2004），本研究取 2.0m，同时为需要考虑使用安全性，建设用地内的滞留塘平均深度取 1.0m。

不同生态雨洪管理目标对应的T_v值　　表9-9

目标	BMPs-ESI设计标准	取值
河道保护体积（Cpv）	滞留一年一遇降雨事件产生的径流	80mm/24h
径流削减体积（RRv）	开发前后一年一遇降雨事件下“径流零增长”	80mm/24h
水质控制体积（WQv）	处理年内90%降雨事件产生的径流	42mm/24h

9.6 雨洪管理景观安全格局构建

9.6.1 洪涝控制景观安全格局

通过洪水与暴雨淹没分析，得到临港新城洪泛区与内涝区的位置和范围，并根据洪涝发生的频率与危害性，将这些关键区域划定为非建设区和限定建设区。当规划建设用地与洪泛与内涝区发生较大冲突时，通过增加 BMPs-ESI 的设计容量，保障建设用地的用地需求。临港新城基于洪涝控制单目标下的雨洪管理景观安全格局（SWMSP）占地面积 5.71km^2，占临港新城总面积的 8.26%，如图 9-27 所示。

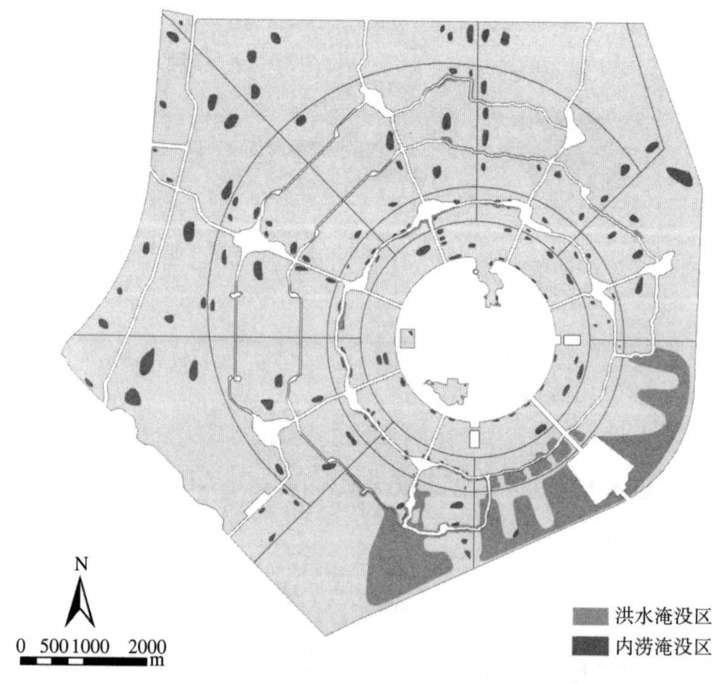

图9-27　洪涝控目标下的雨洪管理景观安全格局

9.6.2 径流控制景观安全格局

根据地形高程模型，通过径流产流与过程模拟分析，确定径流削减的重点区域以及自然径流在地势低洼处的汇水点位置，作为径流削减控制的战略点，并判别出场地现状中具有调蓄洪水功能的区域，包括坑塘、滩涂、湿地、低洼地和水田等，作为 BMPs-ESI 建设的参考选址点。结合城市绿色公共空间规划，因地制宜选择性地保留或建设洼地、滞留塘等 BMPs-ESI 设施，并通过绿色水道（wet swale）将其串联为整体，形成一个多层次的水渠—洼地—滞留塘的滞洪调蓄系统，通过“暴雨治理链”（stormwater treatment train）削减、减缓、调蓄径流流量与峰值，构建临港新城基于径流削减单目标下的 SWMSP（图 9-28），占地面积 0.18km^2，占临港新城总面积的 0.26%。

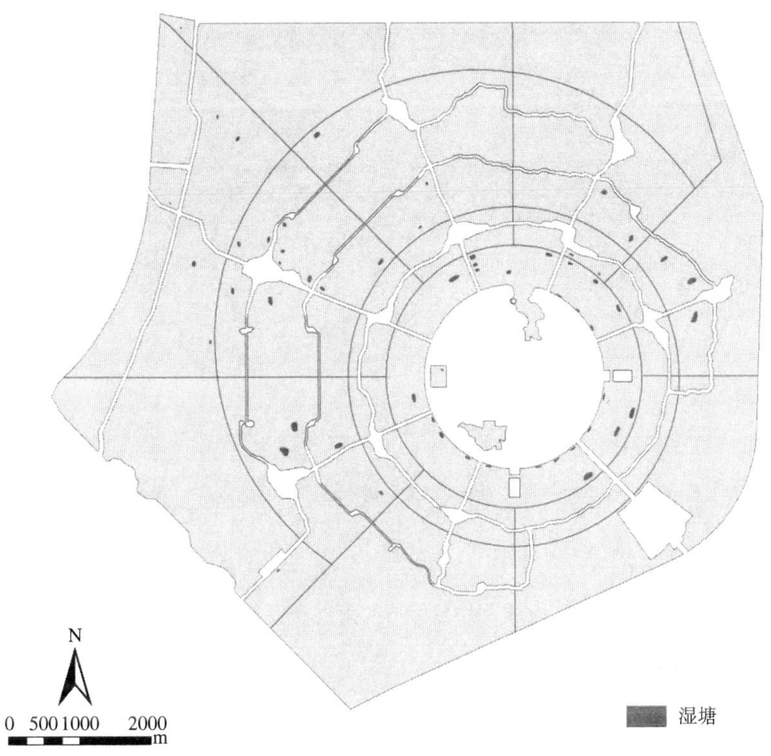

图9-28　径流削减控制目标下的雨洪管理景观安全格局

9.6.3　水质保护景观安全格局

通过临港新城未来的地表径流污染负荷的空间模拟，分析不同汇水区土地利用的非点源污染负荷，划定水质保护的重点区域。结合城市开敞绿地空间，通过区域内非点源污染的迁移—扩散过程分析与“源头—过程—终端”控制的原理，“源头控制原则”与“阻隔控制原则”相结合，判别出对径流污染物扩散、迁移过程有重要意义的关键性元素、战略位置及空间联系，明确非点源污染与景观格局之间的关系，构建有利于控制径流污染与水质保护的 BMPs-ESI 系统，形成线性廊道（绿色道路、河岸植被缓冲带）、离散型污染控制设施（洼地、滞留塘）和面状生态雨水控制设施（河口湿地）的点、线、面结合的绿色网络体系（图 9-29），占地面积 4.49km^2，占临港新城总面积的 6.50%。

9.6.4　雨水资源化利用景观安全格局

通过对不同城市规划用地的雨水资源化利用需求以及雨水下渗适宜性、径流过程模拟等的综合分析，找出对实现雨水资源价值有重要意义的局部或关键区域，如：可能保留或改造作为汇集和蓄存雨水的低洼地带、在雨水资源化利用需求较大的城市用地中适合作为雨水收集的区域，保留或设计景观水体、湿地或雨水塘等自然雨水蓄存设施。

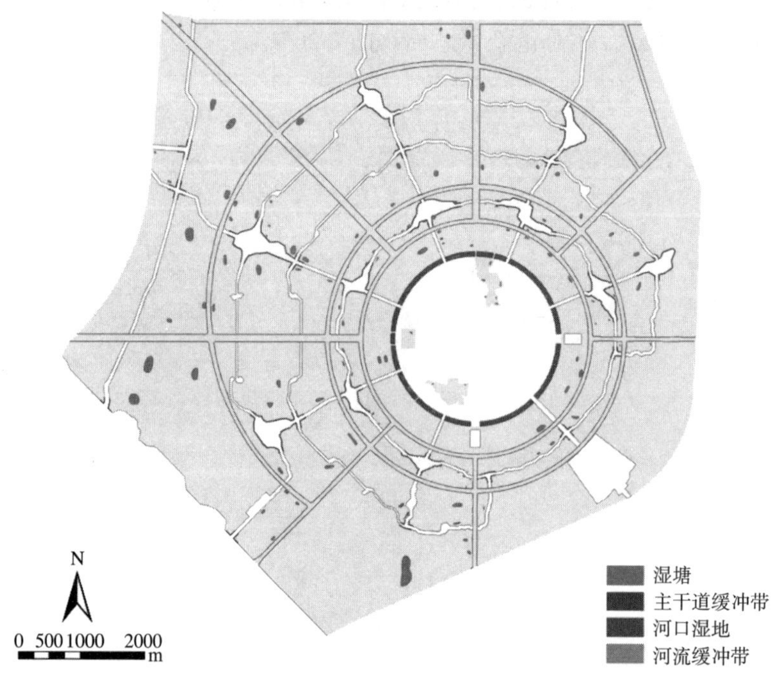

图9-29 水质保护目标下的雨洪管理景观安全格局

9.6.5 雨洪管理综合景观安全格局

基于洪涝控制与径流削减、水质保护、雨水资源化利用等单个生态雨洪管理目标的景观安全格局，被认为在临港新城综合生态雨洪管理 SWMSP 的构建中具有同等的重要性，被赋予相同的权重。各个单目标下的景观安全格局之间不是相互割裂，而是相互联系的，雨水资源化利用设施应尽量与洪涝与径流控制景观安全格局、水质保护景观安全格局相协调、统一，使城市的生态雨洪管理能够以较低的成本和实用的方式得以解决。将单一调控目标下的 SWMSP 进行空间叠加、综合分析，形成连续而完整的、系列化的区域生态雨水基础设施，最终构建临港新城生态雨洪管理的综合 SWMSP（图 9-30）。

临港新城基于洪涝控制、径流削减、水质保护等单个调控目标的 BMPs-ESI 面积分别为 5.71km^2、1.81km^2 以及 4.49km^2，雨洪管理综合景观安全格局规划的 BMPs-ESI 总用地面积为 8.75km^2，仅占临港新城的 12.97%，其中绝大部分规划在绿地开敞空间内。表明可以通过科学合理的空间格局的设计，保护尽可能少的核心 BMPs-ESI 用地，不必牺牲很多的建设用地和土地的经济价值，即可实现城市的“精明保护”与“精明增长”。SWMSP 是临港新城城市发展建设中不可逾越的生态底线，在总体规划中需要将其明确提出，并重点保护和严格限制其的开发建设。

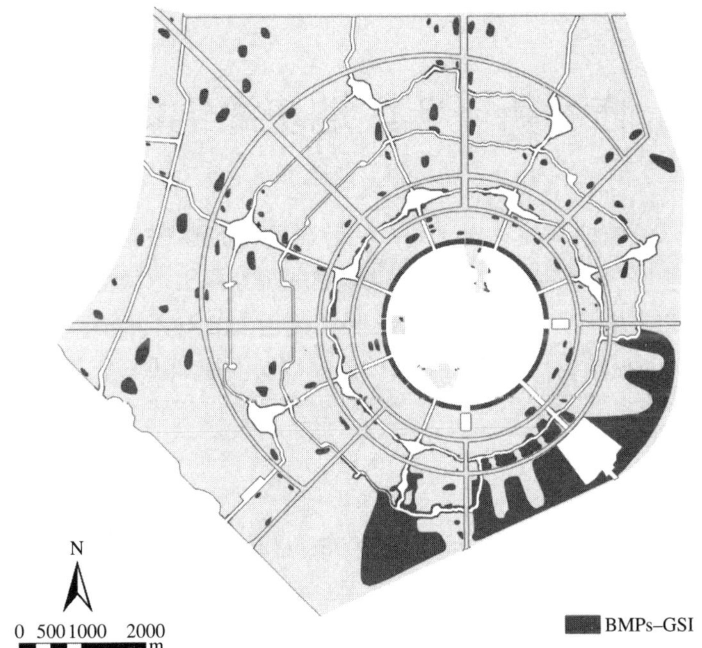

图9-30 临港新城生态雨洪管理综合目标下的雨洪管理景观安全格局

第 10 章　临港新城典型地块海绵城市控制性规划

生态雨水基础设施控制性规划研究主要针对的是 LID-ESI 的规划与建设，有效透水面（EPA）指标是生态雨水基础设施控制性规划的规划成果。重点区域的生态雨洪管理由 BMPs-ESI、LID-ESI 共同承担；而非重点区域，则由 LID-ESI 承担。选取临港新城一期用地中的典型地块，对城市新区生态雨水基础设施控制性规划进行实例研究。

10.1　研究地块概况

研究所选取的典型地块总用地面积约为 268500m^2，紧邻滴水湖，由海港大道、环湖西一路、环路西二路等主干道路以及黄日港（C 港）围合，对应的一级汇水区编号为 18。在地块开发前的土地利用现状中，草地约占 68.34%，道路建设用地约占 31.43%，其在临港新城的位置以及土地利用现状见图 10-1。

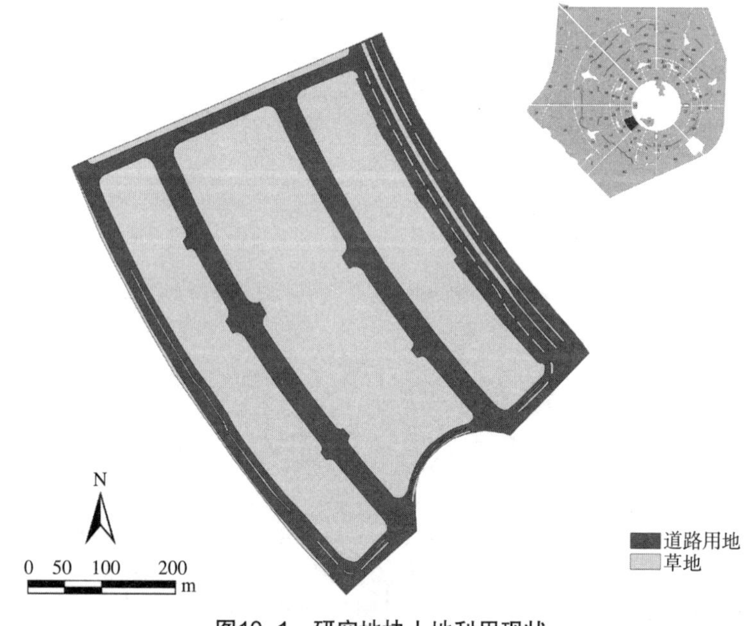

图10-1　研究地块土地利用现状

研究地块的控制性规划及规划指标见图 10-2、表 10-1，规划用地性质为商业用地、行政办公用地及住宅用地，是生态雨洪管理的重点区域，整个研究地块的综合绿地率为 9.68%，主干道、次干道、支路的面积分别为 51840m^2、39600m^2、17020m^2。在生态雨水基础设施总体规划中规划有 BMPs-ESI 设施（暴雨塘）1 处，占地面积约 3640m^2，平均深度 2m，设计雨水处理容量 7280m^3，建设在环湖西一路另一侧的滴水湖绿带内。

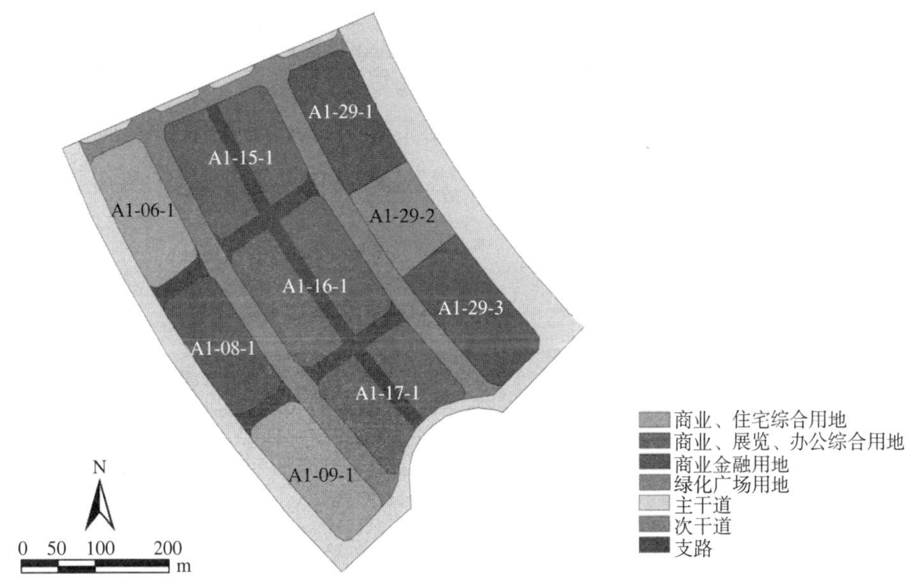

图10-2 研究地块的控制性规划

研究地块控制性规划的控制指标 表10-1

地块编号	用地代码	地块面积（m^2）	容积率	建筑密度（%）	绿地率（%）	建筑限高（m）	备注
A1-06-1	C2R2	14810	2.0	60	10	24	住宅为高级公寓
A1-08-1	C2	14300	2.5	60	10	24	
A1-09-1	C2R2	14810	2.0	60	10	24	住宅为高级公寓
A1-15-1	C2C3C8	24420	2.5	60	10	24	设步行通道，并与外界贯通
A1-16-1	C2C3C8	27240	2.5	60	10	75	
A1-17-1	C2C3C8	20260	2.5	60	10	24	
A1-29-1	C2	15830	2.5	60	10	30/45	含酒店式公寓
A1-29-2	G1S2	11100	—	—	—	—	
A1-29-3	C2	17270	2.5	60	10	30/45	含酒店式公寓

注：用地代码依据《上海市城市规划管理技术规定》。

10.2 下垫面 USCESWM 系统重新分类

结合城市控制性规划中的容积率、建筑密度、建筑高度、建筑面积、绿地率等规划控制指标，针对城市道路、建筑屋面、硬化表面、植被、水体等五种下垫面类型，对研究地块进行了生态雨洪管理角度下的“三维度”城市下垫面分类系统（USCESWM）的重新分类，见表 10-2。

研究地块下垫面USCESWM系统重新分类　　表10-2

类型	维度一	维度二	维度三	面积（hm^2）	备注
道路	主干道		有效不可渗透主干道	5.18	
			非有效不可渗透主干道		
	次干道		有效不可渗透次干道	3.96	
			非有效不可渗透次干道		
	支路		有效不可渗透支路	1.70	
			非有效不可渗透支路		
屋面		绿色屋顶	有效可渗透屋顶	8.94	面积根据建筑面积、建筑密度、容积率确定
			非有效可渗透屋顶		
		普通屋顶	有效不可渗透屋顶		
			非有效不可渗透屋顶		
表面		可渗透表面	有效可渗透表面	4.47	面积根据建筑密度、绿地率确定
			非有效可渗透表面		
		不可渗透表面	有效不可渗透表面		
			非有效不可渗透表面		
植被	绿地		有效绿地	2.60	面积根据绿地率确定
			非有效绿地		
水体			有效水体	0.36	第9章确定的BMPs-ESI

维度一关注的是下垫面的土地利用 / 土地覆被属性，维度二聚焦于下垫面的渗透性能属性，维度三侧重于下垫面的生态雨洪管理“源—汇”属性。道路、屋面、表面、植被等下垫面的面积可根据城市控制性规划中的相关规划指标确定，水体的面积与体量在生态雨水基础设施总体规划中已确定。

10.3　生态雨洪管理的利益相关方调查

LID-ESI 的建设、管理和维护一般由政府委托或要求建设方、业主（使用者）承担，因而各利益相关方的实际意愿与诉求尤为重要，将直接影响生态雨水基础设施控制性规划方案的可行性、落地性以及实施效果。根据相关研究文献以及课题组实地调查，对利益相关方的诉求进行了分析，见表 10-3。

根据利益相关方调查分析结果，在 LID-ESI 的选择以及规划情景方案的设定中，经济成本与效益是至关重要的决定性因素，因而应尽量选取占地面积小、建设与后期维护成本低、处理效率较高的 LID-ESI 设施。

生态雨水基础设施控制性规划的利益相关方调查分析　　表10-3

利益相关方	主要利益相关方	潜在利益诉求
政府部门	行政区政府	协调多方利益；保障主导功能发展的用地需求；在综合考虑经济、社会、生态效益的基础上，推广ESI，带动区域开发
	水务及航运部门	保持较高的水面率，保证河道通航及防洪要求
	市政部门	确保城市洪涝安全；担忧ESI与现有城市防洪排涝体系、模式的结合；ESI的建设、维护成本以及运行效率需要得到实际验证
	环保部门	保护河流水质，非点源输移通量最小化；保护ESI生态用地，提高有效绿地比例
	绿化部门	绿地率显著提高；不提高有效绿地比例
	交通部门	主要的交通用地得到尽快落实
	经济发展部门	满足产业用地在各自功能区的用地需求
	住房部门	保障性居住用地显著增加；调控房价和住房开发与维护成本
居民	普通社区居民	居住条件得到有效改善；公共配套服务用地得到有效落实；增加城市绿地和开敞空间；降低住房开发成本和后期居住成本
	高档社区居民	公共配套服务用地得到有效落实；注重低碳型人居环境品质，可适当提高住房开发成本和后期居住成本
开发者	住宅地产开发者	居住用地得到有效落实，企业效益得到保障；在不增加后期维护和管理成本的前提下，适当增加有效绿地，提升项目品质与美誉度
	商业地产开发者	保障商业建筑及附属设施用地；不增加后期维护和管理成本
非政府组织（NGO）	生态与环境保护组织	保护水域、湿地、自然区域和生物栖息地；保护生物多样性以及河流生态功能与水质

注：参考吕永鹏《平原河网地区城市集水区非点源污染过程模拟与系统调控管理研究》，2011。

10.4　LID-ESI 适宜性分析与评价

结合国内外相关研究成果，对目前比较常见的几类 LID-ESI 技术在临港新城的适宜性进行了对比分析与评价，见表 10-4。

常见LID-ESI在临港新城的适宜性比较分析与评价　　表10-4

项目 \ ESI类别			可渗透表面	绿色屋顶	低势绿地	雨水花园
生态性	暴雨	峰值削减	差	中	较高	较高
	调蓄	体积削减	差	中	较高	较高
	污染物去除能力		一般	较高	较高	较高
	雨水回收利用		难	易	易	易
	植被生态潜力		低	中	中	高
经济性	建造费用		较高	高	一般	较高
	维护费用		高	高	一般	较高
	维护程度		难	较难	一般	较难
社会性	景观潜力		低	高	高	高

续表

项目 \ ESI类别		可渗透表面	绿色屋顶	低势绿地	雨水花园
社会性	是否有安全问题	否	否	否	否
	公众接受程度	低	高	中	中
建设场地要求	距最高地下水位（m）	≥0.6	无要求	≥0.6	视类型
	土壤要求	较严	视类型	低	低
应用评价与建议	应用适宜性	不适宜	一般	适宜	较适宜
	应用总体评价	较差	一般	好	较好
	应用建议	不建议采用	小范围应用	大范围应用	小范围应用

由表 10-4 可见，可渗透铺装对土壤和地下水位要求较严，而根据相关资料和课题组实测数据，该区域土壤为滨海盐土，渗透系数仅为 7.8×10^{-7}mm/s，采用可渗透铺装的适宜性较小，且存在改造成本高、维护困难等缺点，因而不建议在临港新城采用可渗透铺装 LID-ESI 技术。根据利益相关方调查分析结果，经济成本是至关重要的决定性因素。为确定生态雨水基础设施控制性规划的最佳方案，本研究综合已有的工程设计经验，分析了屋顶绿化改造比例、低势绿地改造比例以及设计零排放降雨量对经济成本的影响，见表 10-5。

采用绿色屋顶和低势绿地的经济成本分析 表10-5

类别	改造比例（%）	设计零排放降雨量（mm）	年折旧费（元）	单位面积净增造价（元/m²）	投资折旧（元/m³）	维护费用（元/m³）	利用综合成本（元/m³）
绿色屋顶	5	30.20	9135	13.00	1.25	1.03	2.28
	10	30.60	10710	15.30	1.46	1.37	2.84
	15	31.10	12285	17.50	1.65	1.69	3.34
	20	31.60	13860	19.80	1.86	2.03	3.89
低势绿地	5	7.60	8820	12.60	4.66	3.83	8.50
	15	22.90	10080	14.40	1.81	1.64	3.46
	20	30.60	10710	15.30	1.46	1.37	2.84
	25	38.30	11340	16.20	1.42	1.38	2.81
	30	45.90	11970	17.10	1.18	1.18	2.37

注：参考董淑秋和韩志刚，《基于“生态海绵城市”构建的雨水利用规划研究》，2011。

由表 10-5 可见，当低势绿地和透水铺装的改造比例分别固定为 20% 和 30% 时，随着绿色屋顶比例的提高，其对提高地块零排放降雨量的作用较小，且所有经济指标都相应增加；与之相对的，固定透水铺装和绿色屋顶比例分别为 30%、10%，随着低势绿地改造比例的提高，其对暴雨调蓄的作用明显，且随改造强度增加，单位面积净增造价、投资折旧、维护费用、利用综合成本等各项经济成本指标也相应降低，从经济最优方面而言，低势绿地是城市雨洪综合管理中 LID-ESI 的较好选择。

此外，生物滞留设施（雨水花园、滞留花坛、树池等）中最为常见的雨水花园，具有净化效果好、占地面积小、景观价值高、易于雨水回收利用等优点，但建设成本和后期维护较低势绿地而言，不具有相对比较优势，比较适合在不透水面积比例较高的高密度公共设施与商业办公区以及低密度中高档居住社区内小范围应用。从暴雨体积与洪峰削减、污染物净化、景观和生态性能以及建设成本与维护等多角度综合考虑，低势绿地是目前应用效果较好、较为流行的 LID-ESI 措施，且由于临港新城特殊的土壤条件，植被种植时必须进行土壤改造，因而不会因为低势绿地的建设而增加建设成本，建议在临港新城优先应用。

10.5 生态雨水基础设施控制性规划的情景方案

基于生态雨洪管理角度下的“三维度”城市下垫面分类系统（USCESWM），针对生态雨水基础设施规划的多目标性以及相关利益群体利益诉求的多样性和冲突性，可以从土地利用 / 土地覆盖、渗透性以及生态雨洪管理的“源—过程—汇”等三个维度，设置城市生态雨洪管理的若干组合情景模拟方案：雨水回收利用率（维度一），绿色屋顶比例、透水表面比例等（维度二），有效透水面的面积比例、设计结构、设计容量与服务面积等（维度三）。

情景模拟方案是在综合利益相关方调查分析、LID-ESI 适宜性分析与评价结果的基础上，依据国家《绿色建筑评价标准》（GBT 50378-2006）以及《上海市绿色建筑评价标准》（DG/T J08-2090—2012）确定的。在《绿色建筑评价标准》中，非传统水源利用率[①]10% 为基本项，30% 为优选项；上海市《绿色建筑评价标准》中规定：非传统水源利用率不应低于 10%（住宅）、20%（办公楼、商场类建筑 20%，旅馆类建筑不应低于 15%）为基本项，30%（住宅）、40%（办公楼、商场类建筑 40%，旅馆类建筑 25%）为优选项。上海市《绿色建筑评价标准》中还规定室外透水地面面积比[②]的优选项为：住宅应不小于 50%、公共建筑不小于 40%，并鼓励住区配套公建等采用屋顶绿化，要求住区采取屋顶绿化的面积占配套公建可绿化屋顶面积的 50% 以上，或者屋顶绿化面积占住宅可绿化屋顶面积的 10% 以上。

结合研究地块商业、行政办公及住宅用地的用地性质，表 10-6 列出了五个生态雨洪管理的情景方案，设定五个方案的道路、屋面、表面径流全部进入生态雨水基础设施，进行生态调蓄与处理，即均为非有效不透水面（NEIA），五个方案均选择低势绿地作为 LID-ESI 措施。

① 非传统水源利用率是指：采用雨水、河道水、中水等水源代替市政饮用水供给绿化、景观、道路冲洗等杂用水的年用水量占年设计总用水量的百分比。

② 透水地面包括自然裸露地面、公共绿地、绿化地面、镂空面积≥40%的镂空铺地（如植草砖）、透水砖、透水混凝土等，本文将绿色屋顶也计入透水地面。

生态雨水基础设施控制性规划情景模拟方案 表10-6

情景方案	屋面雨水回收利用率（%）	绿色屋顶比例（%）	透水地面面积比例（%）	低势绿地下凹深度 Δh（m）
S1	0	0	9.68	0.10
S2	20	31.32	40	0.10
S3	40	50	≥40	0.10
S4	0	0	9.68	0.05
S5	0	0	9.68	0.15

在方案一（S1）中，屋面雨水回收利用率和绿色屋顶比例被设定为0%，透水地面面积比例设为9.68%（现有综合绿地率），全部依靠低势绿地实现既定的生态雨洪管理目标。方案二（S2）参考《绿色建筑评价标准》中的基本项指标，屋面雨水回收利用率设定为20%、绿色屋顶比例设为31.32%，并使得透水地面（含绿色屋顶）的总面积比例达到40%。方案三（S3）参考《绿色建筑评价标准》中的优选项指标，屋面雨水回收利用率设定为40%、绿色屋顶比例设为50%，透水地面面积比例为≥40%。方案四（S4）、方案五（S5）主要是针对低势绿地下凹深度设计参数的情景设计。根据《建筑与小区雨水利用工程技术规范》（GB 50400-2006）中的规定“小区内路面宜高于绿地50～100mm进行设计”，结合相关学者的研究成果，考虑到植物生长空间、暴雨冲刷物进入、高差与积水比等因素，低势绿地的下凹深度不应大于200mm；低势绿地应保证一定的最小构造深度，建议不小于50mm，以保障其的正常工作；低势绿地较合理的下凹深度（蓄水深）为：50～100mm。因此，S1～S3取低势绿地下凹深度100mm，S4、S5在S1其他情景参数不变的情况下，分别调整低势绿地下凹深度参数为50mm、150mm。

10.6 生态雨水基础设施控制性规划指标的确定

在生态雨水基础设施控制性规划中，将有效透水面指标EPA（尤其是有效绿地EGA）与建筑密度、容积率、绿地率等建设控制指标一起纳入城市控制性规划中，作为城市新区生态雨水基础设施控制性规划的生态控制指标。

10.6.1 生态雨水基础设施控制性规划目标解析

生态雨水基础设施规划总体目标主要涉及河道保护体积（CPv）、径流削减体积（RRv）、水体控制体积（WQv）等三个设计标准，即：确保一年一遇24小时降雨事件下，不出现城市内涝的控制目标；开发后一年一遇降雨事件的地表径流总量和径流峰值不超过开发前产生的径流总量和径流峰值（径流零增长）目标；对年内约90%的降雨事件进行控制，以确保受纳水体的水环境安全的水质保护目标。三个设计标准所对应的生态雨水基础设施（ESI）设计规模如图10-3所示，其中以CPv标准对应的ESI设计规模（所需处理的径流量）最大，为便于计算，后续将以CPv标准确定EPA指标。为确保处理效率，

BMPs-ESI 与 LID-ESI 的径流处理容量的总和应为 CPv 标准的 1.5 倍左右。

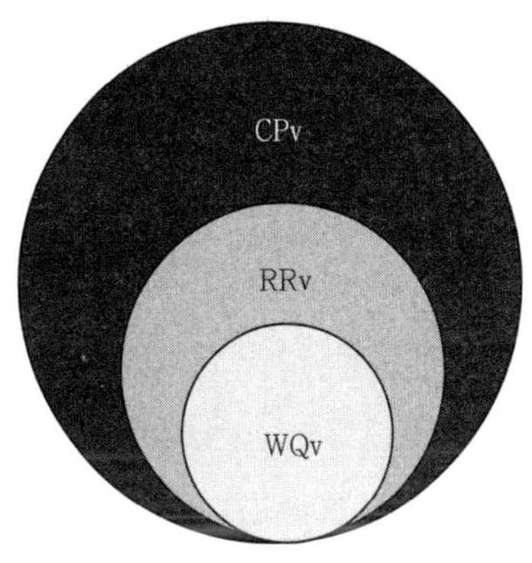

图10-3 不同设计标准对应的ESI设计规模

10.6.2 不同情景方案对应的 USCESWM 系统下垫面

根据五个不同方案的设定情景，对研究地块的生态雨洪管理角度下的“三维度”城市下垫面分类系统（USCESWM）进行了重新调整，具体见表 10-7，其中有效绿地和非有效绿地面积总和为 $2.60hm^2$。

由于可渗透地面技术在研究地块的适宜性较小，道路、表面等均为不可渗透类型，加上研究地块用地性质为商业、行政办公及住宅用地，建筑密度与污染负荷均较大，因而设定道路、屋面、表面产生的径流全部进入 ESI 进行生态调蓄与处理，即均为非有效不透水面（NEIA）；水体为总体规划确定的 BMPs-ESI，是有效透水面（EPA）的重要组成部分，即：有效水体（EWA）、有效绿地（EGA）与有效水体（EWA）的面积总和，即为研究地块在不同情景方案下对应的 EPA 面积。

不同情景模拟方案对应的USCESWM下垫面分类　　表10-7

USCESWM下垫面类型		编号	径流系数	不同情景方案下的面积（hm^2）				
				S1	S2	S3	S4	S5
非有效不透水面（NEIA）	非有效不可渗透主干道	A1	0.9	5.18	5.18	5.18	5.18	5.18
	非有效不可渗透次干道	A2	0.9	3.96	3.96	3.96	3.96	3.96
	非有效不可渗透支路	A3	0.9	1.70	1.70	1.70	1.70	1.70
	非有效不可渗透屋顶	A4	0.9	8.94	6.14	4.47	8.94	8.94
	非有效不可渗透表面	A5	0.7	4.47	4.47	4.47	4.48	4.47
非有效透水面（NEPA）	非有效绿色屋顶	A6	0.4	0	2.80	4.47	0	0
	非有效绿地	A7	0.25	2.60	2.60	2.60	2.60	2.60
有效透水面（EPA）	有效绿地	A8	0.25					
	有效水体	A9	1.0	0.36	0.36	0.36	0.36	0.36

注：径流系数系依据《建筑与小区雨水利用工程技术规范》（GB 50400—2006）确定。

10.6.3 低势绿地的雨水水量平衡分析

根据雨水渗透的水量平衡原理，假定不考虑雨水收集利用，NEIA 的雨水径流首先汇入低势绿地，当水量超过低势绿地的集蓄和渗透能力时，通过溢流口溢流。计算时段内低势绿地的水文要素之间存在如下水量平衡关系：

$$T + U' = S + Z + Z' + U + P \tag{10-1}$$

式中：T 表示计算时段内进入低势绿地的雨水径流量；U' 为计算时段开始时低势绿地

的蓄水量；S 表示计算时段内低势绿地的雨水下渗量；Z 表示计算时段内低势绿地的雨水蒸发量；Z' 为计算时段内低势绿地的植物蒸腾量（仅计植物对雨水的蒸腾量）；U 表示计算时段结束时低势绿地的蓄水量；P 为计算时段内低势绿地的雨水溢流外排量；T、U'、S、Z、Z'、U、P 的单位均为 m^3。

式（10-1）中涉及的计算参数较多，结合实际情况可以进行合理的假设和简化：降雨历时一般较短，雨水的蒸发量 Z 和植物的蒸腾量 Z' 可以忽略不计，即：$Z = 0$、$Z' = 0$；由于植物淹水时间不宜过长，低势绿地调蓄的雨水应在短时间内入渗排空，所以假设降雨开始时下凹式绿地内无蓄水，即 $U' = 0$；设计暴雨重现期的雨水径流全部渗透利用，不产生外排，即 P=0；忽略植物截流、土壤含水率等影响雨水下渗的因素（忽略这些因素后设计值偏安全），因此，式（10-1）可简化为：

$$T = S + U \tag{10-2}$$

计算时段低势绿地的单位面积下渗量 S 可用公式（10-2）计算：

$$S = K \times J \times T \times 10^4 \times 60 \tag{10-3}$$

式中：S 表示单位面积低势绿地的下渗量，m^3/hm^2；K 表示土壤渗透系数，m/s，本研究以细粉砂的渗透系数为标准，取 1×10^{-5}m/s；J 为水力坡度，假定垂直下渗，取 J=1；T 表示计算时段，min，本研究取 60min。

计算时段单位面积低势绿地的蓄水量 U：

$$U = \Delta h \times 10^4 \tag{10-4}$$

式中：U 表示单位面积低势绿地的蓄水量，m^3/hm^2；Δh 表示各情景方案的低势绿地和雨水溢流口或路面的高程差，即：下凹深度，m，取值见表 10-7。

10.6.4 不同情景方案对应的有效透水面、有效绿地面积

为确保生态雨水基础设施的效率，ESI 的设计规模应为需处理径流量的 1.5 倍左右。研究地块需处理的雨水径流总量 $T_{\text{V-Ttoal}}$ 可依据下述公式计算：

$$T_{\text{V-Ttoal}} = 1.5 \times [(\sum_{i=1}^{8} A_i \times \Phi_i \times H_{\text{CPv}}) - T_{\text{VR}}] \tag{10-5}$$

式中：$T_{\text{V-Ttoal}}$ 表示需处理的雨水径流总量，m^3；A_i 为 USCESWM 系统各下垫面类型的面积，hm^2；Φ 为径流系数，取值如表 10-8 所列；H_{CPv} 为计算时段内单位面积的降雨量，m^3/hm^2；T_{VR} 为屋面雨水回收量，m^3，可根据情景模拟方案确定的屋面雨水回收率与屋面面积计算获得，计算公式如下：

$$T_{\text{VR}} = A_4 \times \Phi_4 \times R \times H_{\text{CPv}} + A_5 \times \Phi_5 \times R \times H_{\text{CPv}} \tag{10-6}$$

式中：A_4、A_5 分别为不同情景方案下绿色屋顶和非绿色屋顶的面积，hm^2，取值依据表 10-7；$\Phi 4$、$\Phi 5$ 分别为绿色屋顶和非绿色屋顶的径流系数，取值见表 10-7；R 为不同情

景方案下的屋面雨水回收率，取值依据表 10-6 所列。

H_{CPv} 可以根据上海市暴雨强度，按一场雨通过积分计算求得：

$$H_{CPv}=\frac{60}{1000}\int_0^T q(t)\mathrm{d}t \tag{10-7}$$

式中：H_{CPv} 为计算时段内单位面积的降雨量，m^3/hm^2；T 表示计算时段，min，本研究取 60min；t 为降雨历时。q（t）为暴雨强度公式，如式（10-8）所示：

$$q(t)=\frac{33.2(P^{0.3}-0.42)}{(t+10+7\lg P)^{0.82+0.07\lg P}} \tag{10-8}$$

式中：P 为设计降雨的重现期，年，本研究取值 1 年。

研究地块的生态雨洪管理由 BMPs-ESI 与 LID-ESI 共同承担，其中 BMPs-ESI 的设计容量 $T_{V\text{-}BMPs}$ 已在总体规划中确定为 $7280m^3$，需要低势绿地承担的雨水处理量 $T_{V\text{-}LID}$ 计算公式如下：

$$T_{V\text{-}LID}=T_{V\text{-}Ttoal}-T_{V\text{-}BMPs} \tag{10-9}$$

由此，可获得有效绿地面积 A_{EGA} 的计算公式如下：

$$A_{EGA}=\frac{T_{V\text{-}LID}}{S+U} \tag{10-10}$$

式中：S 为单位面积低势绿地的下渗量，m^3/hm^2；U 为单位面积低势绿地的蓄水量，m^3/hm^2，计算公式分别如公式（10-3）、公式（10-4）所示。

根据上述公式，可以分别计算出五个情景方案下，研究地块为实现生态雨水基础设施规划的总体目标，需要处理的雨水径流总量，分别为：$11478.93m^3$、$10027.27m^3$、$9053.80m^3$、$11478.93m^3$、$11478.93m^3$，其中有效绿地承担的雨水处理规模分别为：$4198.93m^3$、$2747.27m^3$、$1773.80m^3$、$4198.93m^3$ 以及 $4198.93m^3$，进而可得需要建设的有效绿地的面积 A_{EGA}，如表 10-8 所示，有效透水面的总面积 A_{EPA} 为 A_{EGA} 与 A_{BMPs} 之和。

不同情景模拟方案对应的有效透水面、有效绿地面积与比例　　表10-8

规划指标	S1	S2	S3	S4	S5
A_{EGA}（hm^2）	3.09	2.02	1.30	4.88	2.26
A_{EPA}（hm^2）	3.45	2.38	1.66	5.24	2.62
有效绿地占绿地总面积的比例（%）	118.75	77.69	50.16	187.78	86.83
有效绿地占研究地块总面积的比例（%）	11.50	7.52	4.86	18.18	8.41

由表 10-8 可知，在方案一、方案四的模拟情景下，所需的有效绿地面积超过规划绿地总面积，说明研究地块下垫面的不可渗透比例较高，在不采取屋面雨水回收、绿色屋顶措施或低势绿地下凹深度较浅时，无法实现生态雨水基础设施规划目标。仅提高低势绿地下凹深度的方案五的有效绿地比例达到 86.83%，无论从景观还是公众接受角度均不合适。采取屋面雨水收集利用、绿色屋顶和低势绿地等综合生态雨洪管理措施的方案二

和方案三的有效绿地面积占绿地总面积的比例分别为：77.69%、50.16%；方案三设定的屋面雨水回收率为 40%，绿色屋顶比例为 50%，此时所需的有效绿地面积最小；综合而言，方案二下对应的 EPA、EGA 面积分别为 2.38hm^2、2.02hm^2，有效绿地面积占总绿地面积、研究地块总面积的比例分别为 77.69%、7.52%；方案三下对应的 EPA、EGA 面积分别为 1.66hm^2、1.30hm^2，有效绿地面积占绿地总面积、研究地块总面积的比例分别为 50.16%、4.86%。方案二和方案三分别对应《绿色建筑评价标准》中的基本项和优选项标准，两个方案可以作为参考备选方案。

10.7 暴雨管理模型（SWMM）验证

SWMM 模型是一个动态的降水—径流模拟模型，考虑了城市地区的复杂下垫面条件和地表性质，已经在世界范围内被广泛应用于降雨径流和排水系统的规划与设计计算中。尤其是 SWMM 5.0 版本增加了 LID 模块，可模拟生物滞留、渗渠、渗透铺装、雨桶、植被浅沟等 5 种常见的低影响开发措施，通过对滞留、蒸发、下渗等水文过程的模拟，结合 SWMM 模型的水力模块，实现对 LID 措施的峰值流量等的模拟。其他 LID 措施（如过滤带、绿色屋顶、低势绿地等技术）均可经参数变换等相应处理后再进行模拟。因而本研究运用 SWMM 模型对生态雨水基础设施控制性规划情景方案结果进行验证。

根据 SWMM 模型的应用要求，汇水区被概化为非线性水池，当降雨量大于地表的滞留量时开始产流。将整个研究地块区划分为 9 个排水单元、8 个节点以及 1 个出水口，研究地块概化图如图 10-4 所示。

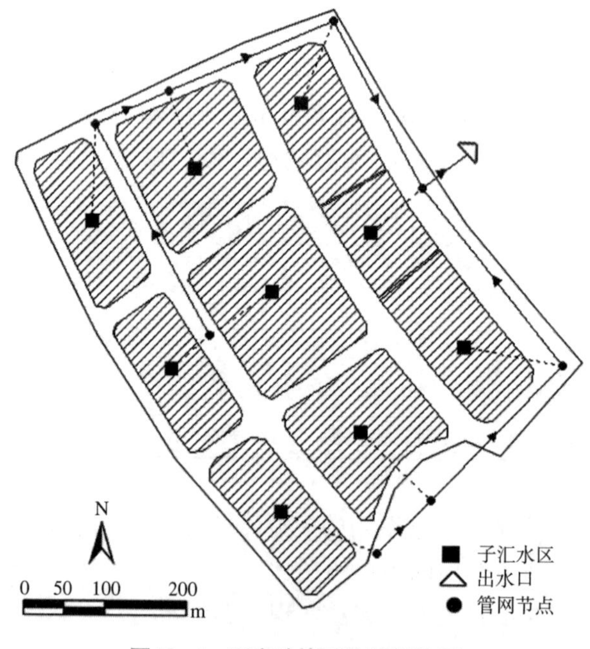

图10-4 研究地块子流域概化图

10.7.1 SWMM 模型参数选择

采用芝加哥降雨过程线模型合成降雨情景，设计重现期为 1 年，雨峰系数取 0.4，降雨采用的时间间隔为 1min，降雨历时 60min，模拟 $2h^{-1}$ 总时长取 3h，结果时间步长取 1min。降雨渗透过程模拟采用 Horton 入渗模型，衰减系数取 $2h^{-1}$。汇流模拟采用非线性水库模型，模拟排水系统流量演算的水力模型选用动力波模型。参考 SWMM 模型用户手册中的典型值和相关国内研究，下垫面（透水面、不透水面、管道）曼宁系数，下垫面（透水地表和不透水地表）洼蓄量，下垫面（透水地表）最大入渗率 f_∞、最小入渗率 f_0 等雨洪模拟计算的产流汇流参数见表 10-9。将不同规划情景下对应的 LID-ESI 的面积与结构参数组合为 LID 模块组合，模拟分析其对雨洪调控的效果。

暴雨管理模型参数设定值 表10-9

	参数			取值
曼宁系数n	管网			0.02
	不透水下垫面	屋面		0.012
		道路及表面		0.012
	透水下垫面	绿色屋顶		0.4
		绿地		0.4
渗透率f（mm/h）	透水下垫面	绿色屋顶	f_∞	54
			f_0	8
		绿地	f_∞	54
			f_0	8
洼地储蓄量（mm）	不透水下垫面	屋面		2.5
		道路及表面		2.5
	透水下垫面	绿色屋顶		15
		非有效绿地		15
		有效绿地		100

10.7.2 传统模式与 LID-ESI 模式下的水文效应对比

本研究对一年一遇设计降雨重现期下，研究地块传统排水模式和采用 LID-ESI 模式的两个情景方案（S2、S3）的生态水文效应进行了对比分析，见表 10-10。

不同排水模式下的水文模拟结果 表10-10

情景	汇水区平均径流系数	出水管道特征		
		洪峰流量CMS	洪峰时间（min）	峰流滞后时间（min）
传统模式	0.74	6.958	33	—
LID-ESI方案二	0.52	2.628	48	15
LID-ESI方案三	0.49	2.261	42	9

一年一遇设计降雨重现期下，采取 LID-ESI 措施后，两个情景下的平均径流系数分别比传统排水模式减小了 0.22、0.25，出水口的洪峰流量分别比传统排水模式减小了 62.23%、67.51%，洪峰分别被滞后了 15min、9min。这表明 LID-ESI 方案缓解了雨水管网的排水压力，使洪峰流量减少，洪峰时间延后，结合 BMPs-ESI 措施，能够实现生态雨水基础设施规划的总体目标。

传统排水模式与不同 LID-ESI 情景下出水管道流量对比见图 10-5，方案二比方案三的水量控制效果略差，但洪峰滞留时间更长，表明低势绿地与其他 LID-ESI 措施相比，对于洪峰滞留的效果更好，而雨水收集措施则对排水总量与峰值的控制效果更好。两个情景方案的规划结果均可作为研究地块的 LID-ESI 调控方案，将其对应的有效透水面的面积指标作为生态雨水基础设施控制性规划指标。

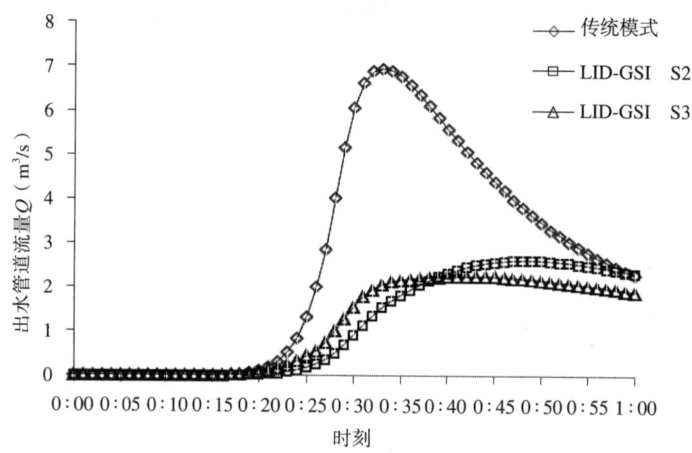

图10-5 传统模式与不同 LID-ESI情景下排水管道流量对比

第 11 章　临港新城海绵城市示范工程修建性规划设计

11.1　示范工程概况

在临港新城主城区护城环路与古棕路交界处（临近 C 港、上海海事大学附近）建设了两处生态雨水基础设施示范工程，对生态雨水基础设施修建性规划与设计进行实证研究。两处示范工程分别为：道路示范工程（以下简称：示范工程 A）、停车场示范工程（以下简称：示范工程 B），具体工程位置见图 11-1。

图11-1　示范工程位置示意

11.1.1　道路示范工程概况

道路示范工程位于护城环路（临近上海海事大学）一侧道路绿化带内，汇水区面积约 40000m^2，主要雨水来源为道路径流、绿地径流，道路原有排水方式为传统管网排水，因道路工程建设，在道路绿化带内形成了系列自然坑塘，塘内主要生长芦苇、香蒲及狐尾藻（*Myriophyllium verticillatum*），为示范工程建设提供了充足的空间和基础条件，场地现状见图 11-2。

11.1.2　停车场示范工程概况

停车场示范工程位于沪城环路与古棕路交界区域，汇水区面积约 20000m^2，包括 1 处大型公交停车场，内设加油站及车辆检修与管理用房各 1 座，现有排水方式为通过管网，直接排入C港，严重污染了河道水环境。在停车场西北侧有一处因地产建设而形成的大型水塘，水面约8000m^2，场地现状见图11-3。

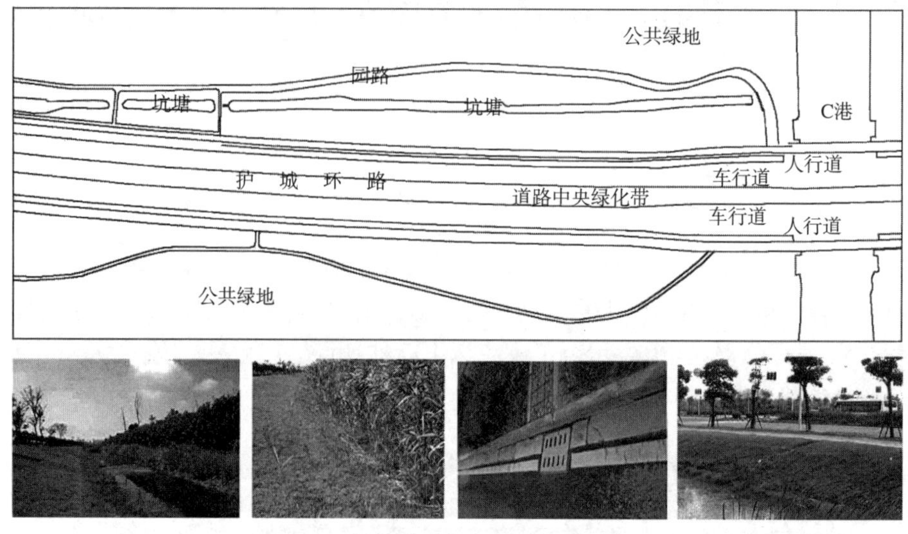

图11-2 道路示范工程场地现状

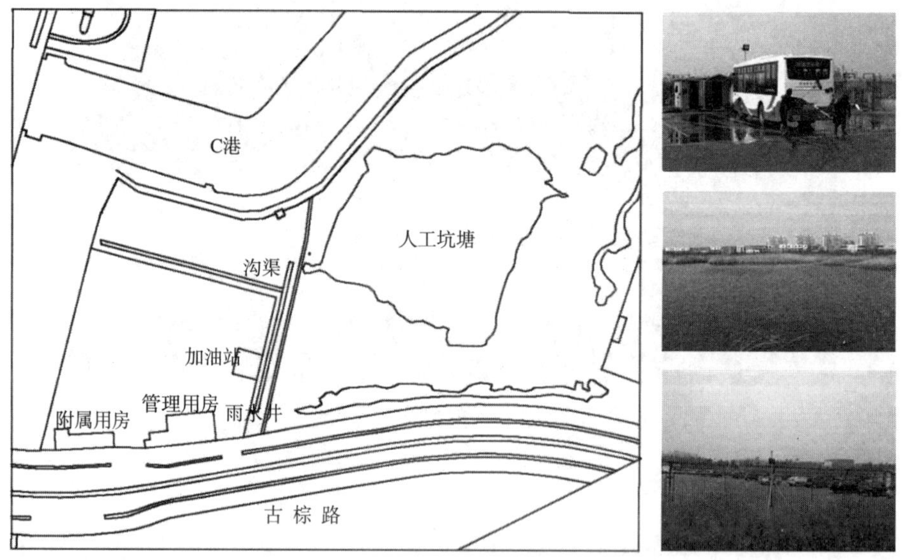

图11-3 停车场示范工程场地现状

11.2 示范工程工艺流程

11.2.1 设计规模

示范工程设计标准为：一年一遇暴雨强度设计标准，根据汇水区面积及径流系数，得出道路示范工程的设计规模为600m^3/d，停车场示范工程的设计规模为150m^3/d。

11.2.2 进水与出水水质

1. 进水水质

鉴于缺少降雨径流水质的长期监测数据，根据课题组实测和参考上海市区相关资料，示范工程的设计进水水质见表 11-1。

示范工程设计进水水质 表11-1

水质指标	进水水质	水质指标	进水水质
TSS	≤145mg/L	COD_{Cr}	≤50mg/L
氨氮	≤1.04mg/L	磷酸盐（以P计）	≤0.31mg/L
TN	≤6.62mg/L	盐度	≤0.03%

2. 出水水质

根据雨水资源化利用的要求，示范工程出水水质应满足《城市污水再生利用城市杂用水水质》（GB/T 18920-2002）中有关冲洗用水的标准。

11.2.3 工艺流程方案

1. 道路示范工程工艺流程

充分利用现有道路绿化带内的自然坑塘，将道路雨水从雨水口经由埋设在人行道下的引水管道引入景观生态处理系统，经过砂石生态过滤池、“阶梯式”多级梯度生态净化塘系统（挺水植物塘、沉水植物塘）的处理，汇入清水塘，供道路冲洗和绿化灌溉使用，最终排入 C 港，具体流程图见图 11-4。

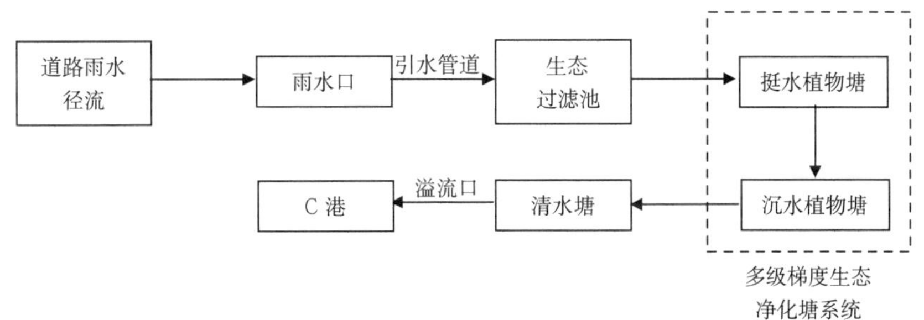

图11-4 道路示范工程工艺流程

2. 停车场示范工程工艺流程

停车场示范工程的雨水来源主要包括：硬化地面雨水、加油站及附属管理建筑屋面雨水，以及日常车辆冲洗形成的地表径流。利用场地排水高差，在不借助外力作用的条件下，将地表径流首先收集进入升流式复合集水井中，再经由下凹式生态渗滤沟（由现有排水沟渠改造）、表流湿地（塘前处理系统）、复合生态塘（由现有水塘改造），最终通过潜流湿地（塘后处理系统），排入 C 港河道，具体流程见图 11-5。

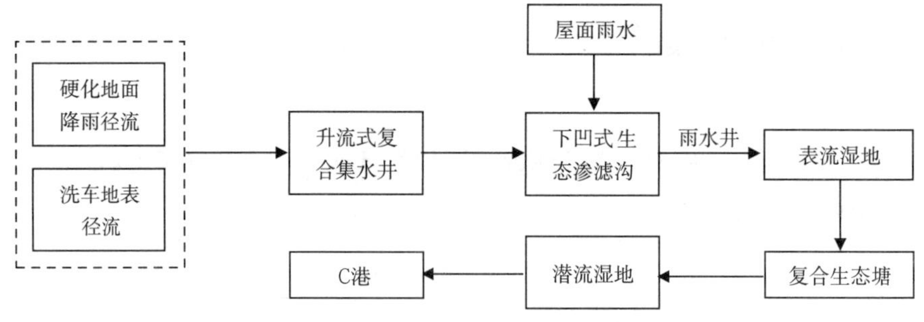

图11-5 停车场示范工程工艺流程

11.2.4 示范工程工艺流程论证

1. 道路示范工程工艺流程论证

道路降雨径流具有污染物浓度高、水量周期变化大、瞬时水量大、来水时间不确定等特征，方案因地制宜，充分利用、改造、优化现有的自然坑塘，构建了一个低建造与维护成本、景观效果和水质净化效果俱佳的多级雨水收集、净化生态处理系统，整个系统主要包括三级处理单元：

一级处理单元采用“粗砂 + 微生物”生态过滤池系统。考虑到道路降雨径流的水质特点，尤其是初期径流中会带有一定的漂浮物、大颗粒悬浮物质及泥砂，通过大粒径粗砂、卵石以及靠近低层的砂石上生长的生物膜，去除径流中挟带的漂浮物、大颗粒悬浮物质及泥砂等物质，同时在应对大强度暴雨时，又可以保证水流的快速通过，使得雨水顺利进入下一级处理单元，而不发生溢流现象。该技术在德国汉诺威康斯伯格等许多城市都具有成功应用的成熟经验。

二级处理单元为多级梯度挺水植物生态净化塘系统，去除道路雨水径流中的有机污染物。通过土坝等工程措施，形成具有水位梯度差的多级净化塘，确保逐级自流。在不同塘内种植以芦苇、香蒲等为主的适生优势植物，逐渐形成一个植物—微生物复合生态系统，即便是在植物枯萎的冬季，仍可以发挥一定的净化功能。植物生态净化的方法已经被广泛应用于城市污水的处理中，对于污染浓度远低于生活污水的降雨径流，利用植物来进行净化是完全可行的，在2010年上海世界博览会滩湿地公园、成都活水公园等成功案例中均有较好的净化效果。

三级处理单元为沉水植物生态净化塘，利用狐尾藻等沉水植物以及睡莲（*Nuphar pumilum*）等浮水植物对细小颗粒的捕捉，进一步去除径流污染物，同时降低浊度，提高出水的透明度，以达到杂用水的使用标准。

2. 停车场示范工程工艺流程论证

针对停车场地表径流中含有较多油污的特殊情况，改造现有的市政雨水井，在生态处理系统前设计了升流式复合集水井，避免油污等污染物对生态处理系统运行和景观效果的影响。充分利用现有的排水沟渠、自然水塘，设计了包括：生态渗滤沟、塘前处理单元（表面流人工湿地）、复合生态塘、塘后处理单元（潜流人工湿地）等四个生态处理单元的复合型雨水收集、净化生态处理系统。

下凹式生态渗滤沟作为一级处理单元，是一个由植物（草皮）、土壤微生物以及砂石填料共同组成的处理系统，涉及物理、生物、化学等多种反应，依靠土壤颗粒的表面吸附、过滤、离子交换、植物根系和土壤微生物的吸收分解，可以去除地表径流中挟带的大颗粒悬浮物质、泥砂等物质以及部分有机污染物。作为前处理和传输系统，国外广泛利用生态渗滤沟（浅草沟）调蓄与渗滤地表径流、削减径流污染。

地表径流经过下凹式生态渗滤沟，进入设计雨水井缓冲后，在进入复合生态塘之前，还要经过种植有菖蒲（*Acorus calamus*）、芦苇、美人蕉（*Canna indica*）等景观湿地植物的二级处理单元——塘前处理单元（表面流人工湿地）。由于停车场的洗车水中可能携带含磷洗涤剂，并且当暴雨强度较大时，下凹式生态渗滤沟的处理效果可能受到影响，径流污染物浓度仍有可能较高，因此需要在进入生态塘之前设计塘前净化单元。表面流湿地建造工程量小、建设与维护成本低，且具有良好的景观效果。

复合生态塘是本生态处理系统中最主要的处理单元。充分利用、优化项目实施区内水面面积 8000m^2、塘内生态系统完善、水生植物丰富、景观效果良好的现有大型天然水塘，在净化径流污染的同时，还可以有效接纳、调蓄雨洪，同时为雨水资源化利用提供较高的可行性。雨水在复合生态塘中的水力停留时间可达 25 ~ 40 天，使得径流污染物得到充分的去除。

此外，在雨水排入 C 港河道前，还设计了作为深度处理的四级处理单元——塘后处理单元（潜流人工湿地）。目前较多采用的潜流人工湿地，可以充分利用填料表面生长的生物膜、丰富的植物根系及表层土和填料截流等的作用，提高其处理效果和处理能力；另一方面由于水流在地表以下流动，具有处理效果受气候影响小、保温性能好以及卫生条件较好等特点。

11.3 示范工程详细设计方案

11.3.1 道路示范工程详细设计

道路示范工程平面布局见图 11-6。

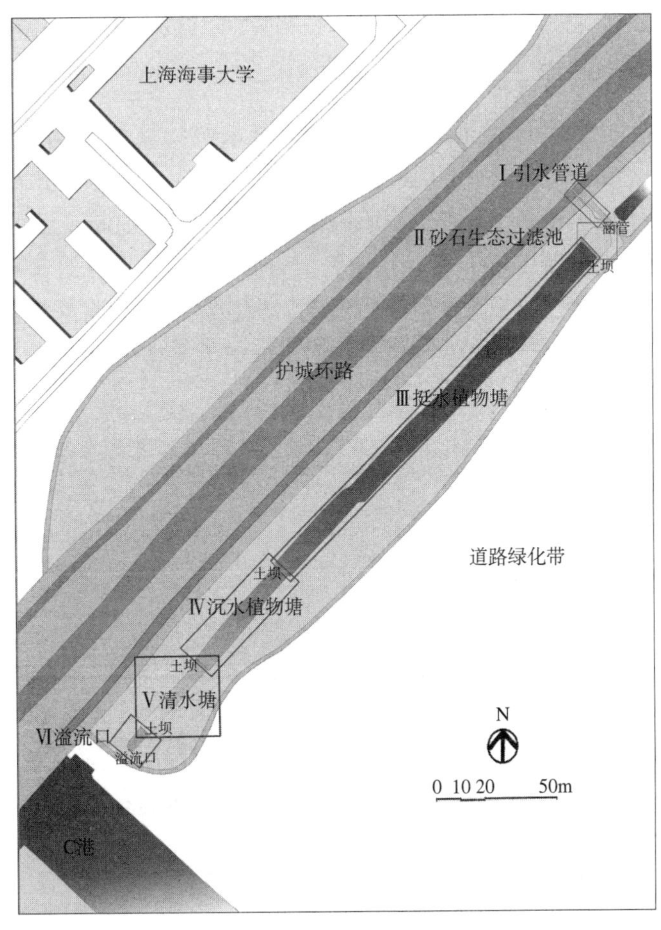

图11-6 示范工程A平面布局

1. 砂石生态过滤池

砂石生态过滤池设计长度 10m，设计面积约 100m^2，作为生态净化塘的预处理池，填料深度 0.7m（图 11-7），为防止砂石层中的积水长时间停留，选用大粒粗砂和鹅卵石，既保证较大的孔隙率使雨水快速通过，又使砂石层有足够流通的空气，使得砂石层中的积水可以快速蒸发，防止臭味和滋生蚊虫。

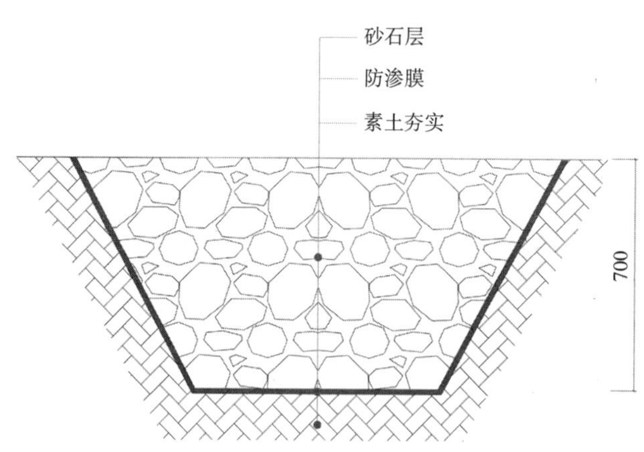

图11-7　砂石生态过滤池详细设计

2. 多级梯度生态净化塘

多级梯度生态净化塘包括挺水植物塘和沉水植物塘，其中：挺水植物塘设计长度 180m，设计面积约 1650m^2，设计容积 730m^3，设计水深 0.6m，种植以芦苇、菖蒲为主的湿生植物（各 90m 长）；沉水植物塘设计长度 50m，设计面积约 370m^2，设计容积约 170m^3，设计水深 0.6m，主要植物类型为狐尾藻。在每个处理单元前后通过土坝的修筑，形成水位梯度差，保证水体的自然流动。塘边缓冲区选用菖蒲、千屈菜、美人蕉等观赏效果较好的湿生植物，丰富景观效果。多级梯度生态净化塘的设计剖面及设计标高见图 11-8。

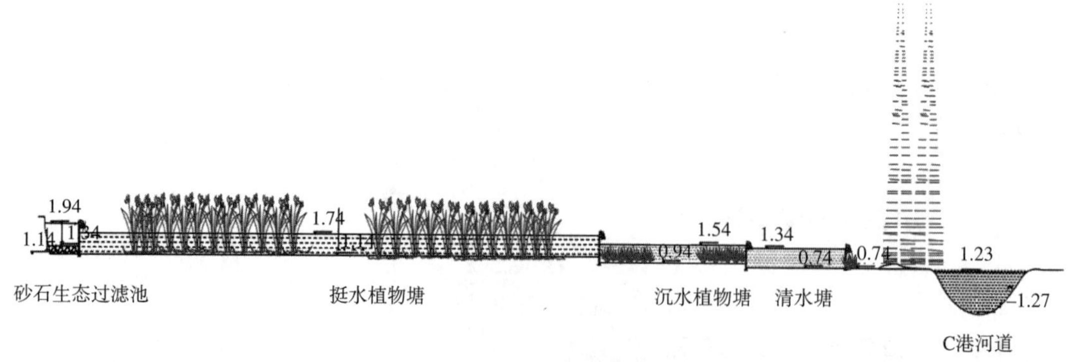

图11-8　多级梯度生态净化塘剖面设计

11.3.2　停车场示范工程详细设计

停车场示范工程平面布局见图 11-9。

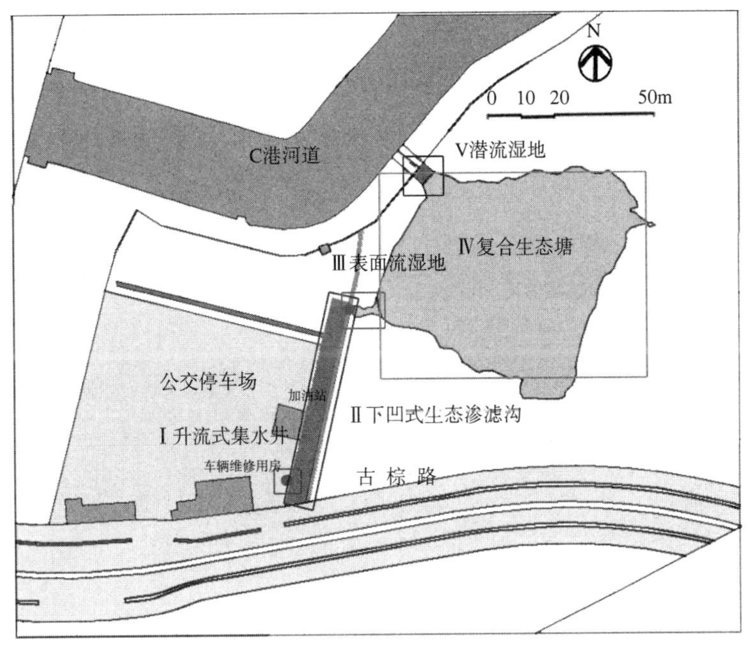

图11-9 示范工程B平面布局

1. 升流式雨水收集井

改造现有的市政雨水井，在生态处理系统前设计了升流式复合集水井，利用重力溢流，避免油污等污染物对生态处理系统运行和景观效果的影响，同时起到缓冲势能、调节水流的功能，详细设计见图 11-10。

2. 生态渗滤沟

下凹式生态渗滤沟设计长度约 63m，下凹深度 0.7m，上沟宽 2.2m，沟深 0.7m，沟底纵度 0.5%。渗滤沟采用梯形横断面，自上而下依次分为：种植层（草皮）、种植土（100mm 厚）、砾石层（100 ~ 200mm 厚）、素土层。种植土选择黄褐土，平均渗透系数 2×10^{-4}m/s，沟底做防渗处理，并在距沟底 100mm 处设计穿孔排水管（管径 75mm），详细剖面见图 11-11。

3. 雨水井

雨水经过下凹式生态渗滤沟后，进入雨水井，起到缓冲、调节和沉淀的作用，雨水井详细设计见图 11-12，由管径 200mm 的出水管排入表流湿地。

4. 潜流湿地

人工潜流湿地作为雨水排入 C 港河道的最后处理流程，设计规模 40m^2，设计负荷 0.5m^3/(m^2·d)，水力停留时间 2 ~ 3 天，分为：种植层、粗砂层（100mm 厚）、球形砾石层（500mm 厚，分为大小两种砾石层）、陶粒滤料层（100mm 厚），底部做防渗处理，详细剖面见图 11-13。

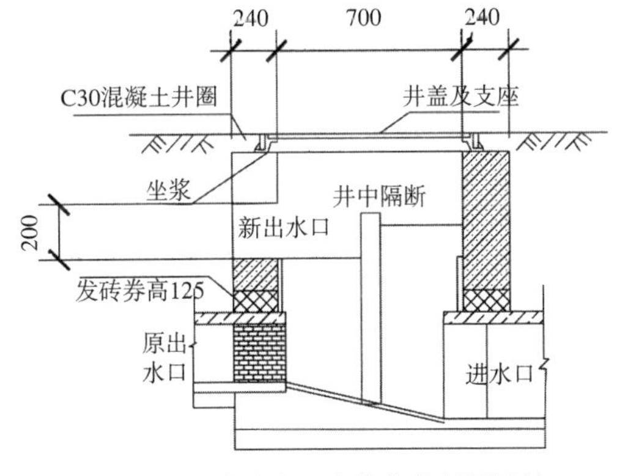

图11-10 升流式雨水收集井剖面设计

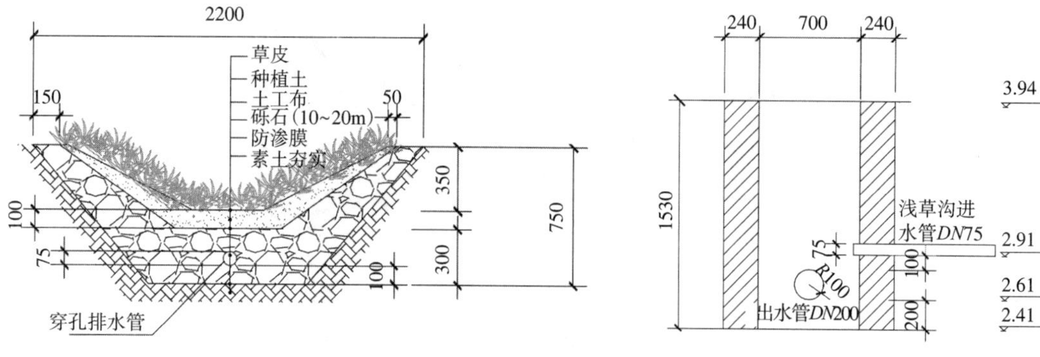

图11-11　生态渗滤沟剖面详细设计

图11-12　雨水井剖面详细设计

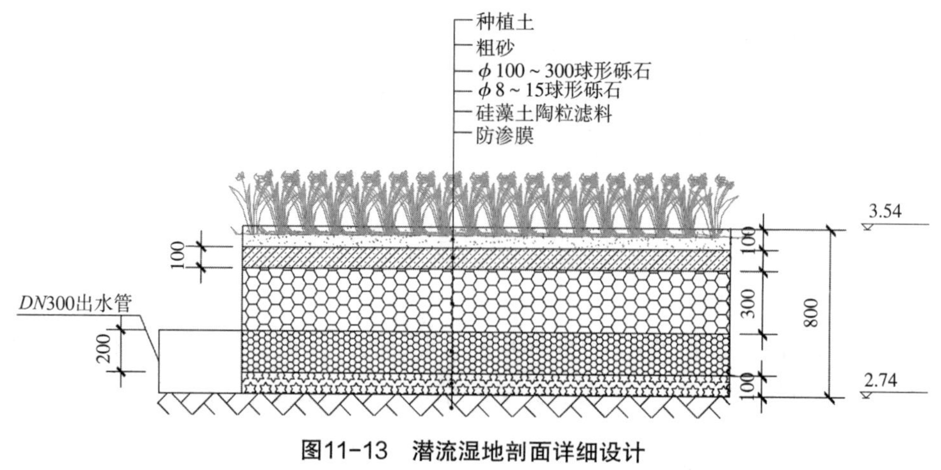

图11-13　潜流湿地剖面详细设计

11.4　示范工程建设及运行效果评价

11.4.1　示范工程建设过程

示范工程建设分为四个阶段，分别为：前期工作阶段（2010年8月~11月，与业主交流、资料收集、实地调研等）；方案设计阶段（2010年11月~2011年2月，方案设计、施工图设计、编制预算）；工程施工阶段（2011年3月~4月，现场施工、竣工验收）以及运行维护阶段（2011年5月至今）。

11.4.2　示范工程初期运行效果评价

示范工程建成后，不仅对地表径流污染物的净化效果良好，也具有较好的景观效果，并为市民提供了接受生态教育、亲近自然的休闲游憩场所。

1. 径流污染物净化效果①

课题组对2011年6月~2012年3月期间的11场降雨事件下，A、B两处示范工程

① 数据来源：课题组刘晨博士后、董静静硕士生提供。

进行了监测。11场降雨事件中，暴雨2场，大雨3场，中雨6场，最大降雨量出现在2011年6月18日，日降雨量为65mm。结果表明：即使在暴雨、冬季等恶劣气候条件下，两处生态示范工程也可正常地运行，保持稳定的水质净化效果，具有一定的耐冲击负荷能力；示范工程A在11场降雨事件中对TN、NH_3-N、TP、CODcr、SS的去除率分别达到：51.09%、57.19%、56.74%、56.91%、和64.17%，示范工程B则分别为：62.19%、70.55%、69.55%、62.28%和60.85%；示范工程A对TN、CODcr、SS等三种主要径流污染物的年去除量分别为：54.54kg、2.97×10^3kg、3.83×10^3kg，而示范工程B则分别为：22.57kg、7.03×10^2kg和5.52×10^2kg。两处示范工程的出水水质均达到设计出水水质的要求，满足《城市污水再生利用　城市杂用水水质》(GB/T 18920-2002)杂用水和《地表水环境质量标准》(GB 3838-2002)V类水质标准，可用于生活杂用或作为滴水湖的补给水。

2. 雨洪调蓄与资源化利用效果

通过示范工程建成后对11场降雨事件的监测，结果表明：示范工程起到了良好的暴雨洪峰削减、雨水就地滞留、减少洪涝灾害的雨洪生态调蓄功能，即使在5年一遇暴雨下，两处生态示范工程也可正常地运行，场地未出现内涝现象。两处示范工程每年可收集的降雨径流量大约为$5.60\times104m^3$，参考上海市现行自来水价格5.83元/m^3（第三阶梯价格），将收集的雨水进行资源化利用，每年可节约人民币约32.65万元，仅此项收益1年内即可收回全部建设成本，既避免了地表径流对滴水湖的水环境污染，又减少了雨水资源的无端浪费，具有较好的经济效益。

第 12 章　总结与展望

12.1　城市新区海绵城市规划理论方法总结

（1）生态雨水基础设施是生态雨洪管理的核心理论，强调生态系统自身可以自然地管理暴雨，转变传统的“管网工程硬排水”模式为“近自然生态软排水”模式，将雨水引入生态雨水基础设施，经过处理、滞留和就地入渗后，再进入城市排水管网设施，排放至受纳水体。与灰色基础设施相比，其具有降低城市洪涝灾害风险、确保城市水环境健康、提高雨水资源化利用率、建设和维护成本低、提供绿色开敞空间、提升土地开发价值等方面的综合比较优势。生态雨水基础设施强调体系性的生态空间网络，包括 BMPs-ESI、LID-ESI 以及传输型 ESI 三个组分，其中 BMPs-ESI 的建设、管理和维护一般由政府主导，LID-ESI 的建设、管理和维护一般由政府委托或要求建设方、业主（使用者）承担。重点区域的生态雨洪管理由 BMPs-ESI、LID-ESI 共同承担，而非重点区域，则由 LID-ESI 承担。

（2）生态雨水基础设施规划是城市规划的专项规划，其核心是基于径流削减、洪涝控制、水质控制、雨水资源化利用等生态雨洪管理的综合目标，在不同尺度、不同规划编制阶段对生态雨水基础设施的类型、规模、布局、结构等进行系统性的保护和规划，形成完整的生态雨水基础设施的网络体系。生态雨水基础设施规划体系包括三个层面，分别为：生态雨水基础设施总体规划、生态雨水基础设施控制性规划以及生态雨水基础设施修建性规划。

（3）雨洪管理景观安全格局是生态雨水基础设施总体规划的规划成果。生态雨水基础设施总体规划（对接城市总体规划编制阶段），侧重考虑区域核心、集中式、终端控制的 BMPS-ESI 的规划。生态雨水基础设施总体规划所采用的理论与方法主要有：雨洪景观安全格局理论、GIS 空间模拟分析方法、SCS 水文模型、PLOAD 模型等。

生态雨水基础设施总体规划流程为：在城市总体规划的规划愿景下，针对区域雨洪水文生态过程进行分析模拟，得出生态雨洪管理的重点区域，结合 BMPS-ESI 适宜性评价，判别出对于区域生态雨洪管理具有战略意义的核心 BMPs-ESI 的空间位置、组分及其关系，构建雨洪管理景观安全格局。

（4）有效透水面（EPA）面积指标是生态雨水基础设施控制性规划的规划成果。生态雨水基础设施控制性规划（对接控制性规划编制阶段），侧重考虑源头与过程控制、就地/分散式的 LID-ESI 的规划。生态雨水基础设施控制性规划所采用的理论与方法主要有：有效透水面理论、USCESWM 下垫面分类系统方法、相关利益方分析方法、情景规划方法、SWMM 模型方法等。

生态雨水基础设施控制性规划流程为：结合生态雨水基础设施总体规划成果，基于城市控制性规划的规划愿景，运用有效透水面理论和USCESWM下垫面分类方法，在利益相关方调查分析的基础上，确定情景规划的组合情景方案，通过水量平衡分析，得出不同情景方案对应的EPA占规划区的面积比例指标，并通过暴雨管理模型（SWMM）模型对情景结果进行模拟验证，选定最终的LID-ESI规划方案。

（5）生态雨水基础设施修建性规划（对接修建性规划编制阶段）已进入规划实施与项目管理层面，其主要内容是对所在地块的ESI提出具体的安排和详细规划设计。相关的国家/行业标准与规划设计规范以及ESI的设计与工程技术是生态雨水基础设施修建性规划阶段的主要参考依据。

生态雨水基础设施修建性规划流程为：基于生态雨水基础设施总体规划和控制性规划，在前期场地资料收集、实地调研和委托方对接等的基础上，依据相关规范、工程技术，提出修建性规划或设计的初步方案，经过方案比较选优后，确定最佳方案，深化设计，核算工程量，编制工程预算，并进行相关工程审批、核准与备案工作。

12.2 临港新城海绵城市规划实证总结

1. 区域生态雨水基础设施总体规划

结合总体规划的规划愿景，在两级汇水区层面，对上海临港新城主城区未来的地表径流产流、洪水与内涝淹没、径流物污染负荷等雨洪水文生态过程进行了空间模拟分析。临港新城径流削减控制重点区域分别占总面积的43.10%、39.24%；洪涝安全控制区域分别占总面积的10.61%、26.98%；水质保护重点控制区域分别占区域总面积的55.05%、18.52%，这些区域是生态雨水基础设施总体规划的重点区域。

临港新城基于洪涝控制、径流削减、水质保护等单个生态雨洪管理目标的BMPs-ESI面积分别为5.71km^2、1.81km^{2}以及4.49km^2。将单个生态雨洪管理目标的BMPs-ESI格局进行空间叠加、综合分析，形成连续而完整的、系列化的BMPs-ESI格局。临港新城综合雨洪景观安全格局（SWMSP）的用地面积为8.75km^2，占总面积的12.97%，它是临港新城城市发展建设中不可逾越的生态底线，应重点保护和严格限制开发建设。

2. 典型地块生态雨水基础设施控制性规划

基于控制性规划的规划愿景、有效透水面理论和USCESWM下垫面分类系统，设置了生态雨水基础设施控制性规划的五个情景模拟方案。根据雨水渗透的水量平衡原理，得出五种情景方案下的有效透水面面积。五个情景方案中，方案二和方案三的规划结果较佳，分别对应绿色建筑评价标准中的基本项和优选项标准。方案二对应的有效透水面、有效绿地面积分别为2.38hm^2、2.02hm^2，有效绿地占绿地总面积、地块总面积的比例分别为77.69%、7.52%；方案三对应的有效透水面、有效绿地面积分别为1.66hm^2、1.30hm^2，有效绿地占绿地总面积、地块总面积的比例分别为50.16%、4.86%。

通过SWMM模型对两个情景方案的规划结果进行了模拟验证，结果表明一年一遇设计降雨重现期下，采取LID-ESI措施后，两个规划情景下的平均径流系数分别比传统排水模式分别减小了0.22、0.25，出水口的洪峰流量分别比传统排水模式减小了62.23%、

67.51%，洪峰分别被滞后了 15min、9min，结合 BMPs-ESI 措施，能够实现生态雨水基础设施规划的总体目标，将其对应的有效透水面、有效绿地的面积指标作为生态雨水基础设施控制性规划指标。

3. 生态雨水基础设施示范工程修建性规划与设计

对临港新城护城环路附近的两处生态雨水基础设施示范工程进行了修建性规划与设计，其中道路示范工程处理流程为：引水管道—砂石生态过滤池—“阶梯式”多级梯度生态净化塘系统（挺水植物塘、沉水植物塘）—清水塘—C 港河道；停车场示范工程处理流程为：升流式复合集水井—下凹式生态渗滤沟—表流湿地（塘前处理系统）—复合生态塘—潜流湿地（塘后处理系统）—C 港河道。

示范工程建成后，即使在暴雨、冬季等恶劣气候条件下，两处示范工程也可正常地运行，保持稳定的水质净化效果，具有一定的耐冲击负荷能力，两处示范工程的出水水质均达到设计出水水质的要求，可用于生活杂用或作为滴水湖的补给水，两处示范工程每年可收集的降雨径流量大约为 $5.60 \times 104m^3$，具有良好的生态、社会和经济效益。

12.3 研究展望

城市新区海绵城市生态雨水基础设施规划研究作为一个交叉研究领域，涉及多个学科、专业，相关研究与实践在我国尚处于起步阶段，限于时间、资料可获取性及作者水平等因素，尚有一些问题和不足有待今后深入研究和探讨，主要包括以下几个方面：

（1）我国尚未制定有关雨水排放、径流削减与滞留、水质保护等方面的法律法规，本研究在制定生态雨水基础设施规划的总体目标时，参考借鉴了发达国家的有关法规和研究，相关政府管理部门应抓紧制定相关的本土法律、法规、标准体系，为海绵城市生态雨水基础设施规划提供依据。

（2）生态雨水基础设施作为景观生命系统，其运行性能受到气候、土壤、水文、植被等自然因素，以及建设成本、维护管理、业主意愿、公众接受程度等社会、经济因素的多方面影响。有关生态雨水基础设施的内涵、类型、构建策略、设计结构、运行机理与效益评价等方面的研究有待进一步深入探讨，在大量理论研究和工程实践的基础上，开发出具有地域适宜性的生态雨水基础设施集成景观生态技术。

（3）在城市新区海绵城市生态雨水基础设施规划理论与方法的基础上，开发出可视化、高精度、定量化的中国城市新区海绵城市生态雨洪管理规划决策软件，为城市规划、景观生态规划设计、市政规划等学科的研究者、从业人员以及政府管理部门的决策者提供科学参考，是后续研究的另一个重点方向。

参考文献

[1] 暴丽杰 . 2009. 基于情景的上海浦东暴雨洪涝灾害脆弱性评估 [D]. 上海 : 上海师范大学，40-46.

[2] 曹秀芹,车武 . 2002. 城市屋面雨水收集利用系统方案设计分析 [J]. 给水排水,28（1）: 13-15.

[3] 常静，刘敏，许世远 , 等 . 2006. 上海城市降雨径流污染时空分布与初始冲刷效应 [J]. 地理研究，25（6）: 994-1002.

[4] 车伍，吕放放，李俊奇，等 . 2009. 发达国家典型雨洪管理体系及启示——构建我国城市现代雨洪控制利用体系 [J]. 中国给水排水，25（20）: 12-17.

[5] 车伍，马震 . 2009. 针对城市雨洪控制利用的不同目标合理设计调蓄设施 [J]. 中国给水排水，25（24）: 5-10.

[6] 车伍, 张炜, 李俊奇, 等 . 2007. 城市雨水径流污染的初期弃流控制 [J]. 中国给水排水，23（6）: 1-5.

[7] 车伍,周晓兵 . 2008. 城市风景园林设计中的新型雨洪控制利用 [J]. 中国园林,24(155): 52-56.

[8] 车越 . 2005. 中国东部平原河网地区水源地的环境管理：理论、方法与实践 [D]. 上海：华东师范大学 .

[9] 陈利顶，傅伯杰，赵文武 . 2006 .“源”“汇”景观理论及其生态学意义 [J]. 生态学报，26（5）: 1444-1449.

[10] 陈守珊 . 2007. 城市化地区雨洪模拟及雨洪资源化利用研究 [D]. 南京 : 河海大学 .

[11] 陈蔚镇，朱俊，樊正球，等 . 2007. 上海临港新城总体规划的生态学思考 [J]. 城市规划，31（6）: 32-38.

[12] 陈永贵，郝红科，李鹏飞 . 2005. GIS 在园林规划设计中的应用 [J]. 西北林学院学报，20（4）: 174-176.

[13] 程江，吕永鹏，黄小芳，等 . 2009. 上海中心城区合流制排水系统调蓄池环境效应研究 [J]. 环境科学，30（8）: 2234-2240.

[14] 程江，徐启新，杨凯，等 . 2007a. 国外城市雨水资源利用管理体系的比较及启示 [J]. 中国给水排水，23（12）: 68-72.

[15] 程江,徐启新,杨凯,等 . 2007b. 下凹式绿地雨水渗蓄效应及其影响因素 [J]. 给水排水，33（5）: 45-49.

[16] 程江，杨凯，黄民生，等 . 2009. 下凹式绿地对城市降雨径流污染的削减效应 [J]. 中国环境科学，29（6）: 611-616.

[17] 程江，杨凯，黄小芳，等 . 2009. 上海中心城区苏州河沿岸排水系统降雨径流水文水

质特性研究 [J]. 环境科学，30（7）: 1893-1900.

[18] 程江，杨凯，吕永鹏，等 . 2009. 城市绿地削减降雨地表径流污染效应的试验研究 [J]. 环境科学，30（11）: 3236-3242.

[19] 程涛 . 2008. 城市雨水资源化技术应用研究 [D]. 武汉 : 武汉理工大学 .

[20] 董静静 . 2012. 上海临港新城雨水资源化利用中试研究 [D]. 上海 : 华东师范大学 .

[21] 董淑秋，韩志刚 . 2011. 基于"生态海绵城市"构建的雨水利用规划研究 [J]. 城市发展研究，18（12）: 37-41.

[22] 傅伯杰，陈利顶，马克明，等 . 2001. 景观生态学原理及应用 [M]. 北京 : 科学出版社 .

[23] 龚清宇，王林超，苏毅 . 2006. 可渗水面积率在控规中的估算方法与设计应用 [J]. 城市规划，30（3）: 68-72.

[24] 韩冰，王效科，欧阳志云 . 2005a. 北京市城市非点源污染特征的研究 [J]. 中国环境监测，21（6）: 63-65.

[25] 韩冰，王效科，欧阳志云 . 2005b. 城市面源污染特征的分析 [J]. 水资源保护，21（2）: 1-4.

[26] 贺宝根，陈春根，周乃晟 . 2003. 城市化地区径流系数及其应用 [J]. 上海环境科学，22（7）: 472-475.

[27] 蒋玮，沙爱民，肖晶晶，等 . 2013. 透水沥青路面的储水 - 渗透模型与效能 [J]. 同济大学学报 : 自然科学版，41（1）: 72-77.

[28] 蒋文燕 . 2008. 平原海岛地区非点源污染负荷估算及水环境效应研究——以上海崇明岛为例 [D]. 上海 : 华东师范大学 .

[29] 金树权，吕军 . 2006. 水环境非点源污染模型的研究进展和展望 [J]. 土壤通报，37（5）: 1022-1026.

[30] 景垠娜，尹占娥，殷杰，等 . 2010. 基于 GIS 的上海浦东新区暴雨内涝灾害危险性分析 [J]. 灾害学，25（2）: 58-63.

[31] 李博 . 2008. 上海高度城市化地区土地利用变化对雨水径流影 [D]. 上海 : 华东师范大学 .

[32] 李俊奇，曾新宇，何建平 . 2005. 激励机制在环境管理中的运用 [J]. 北京建筑工程学院学报，21（2）: 17-20.

[33] 李俊奇，曾新宇，鹿佳明 . 2008. 城市雨水排放费征收标准的量化方法探讨 [J]. 中国给水排水，24（10）: 1-6.

[34] 练雄 . 2011. 上海滴水湖集水区土地利用动态及其对径流污染的影响 [D]. 上海 : 华东师范大学 .

[35] 林莉峰，李田，李贺 . 2007. 上海市城区非渗透性地面径流的污染特性研究 [J]. 环境科学，28（7）: 1430-1434.

[36] 刘海龙，李迪华，韩西丽 . 2005. 生态基础设施概念及其研究进展综述 [J]. 城市规划，29（9）: 70-75.

[37] 刘俊，郭亮辉，张建涛，等 . 2006. 基于 SWMM 模拟上海市区排水及地面淹水过程

[J]，中国给水排水，(21) : 156-168.

[38] 刘兰岚 . 2007. 上海市中心城区土地利用变化对径流影响及其水环境效应研究 [D]. 上海 : 华东师范大学 .

[39] 刘森，闫红伟 . 2006. 论地理信息系统 GIS 在景观规划设计场地分析中的价值及应用 [J]. 沈阳农业大学学报，8 (2) : 280-282.

[40] 刘勇华，高超，王登峰，汪磊 . 2009. 城市降雨径流污染初始冲刷效应对 BMPs 选择的启示 [J]. 水资源保护，25 (6) : 29-32.

[41] 鲁航线，张开军，陈微静 . 2007. 城市防洪、排涝及排水三种设计标准的关系初探 [J]. 城市道桥与防洪，(11) : 64-66.

[42] 吕永鹏 . 2011. 平原河网地区城市集水区非点源污染过程模拟与系统调控管理研究 [D]. 上海 : 华东师范大学 .

[43] 马震 . 2010. 我国城市雨洪控制利用规划研究 [D]. 北京 : 北京建筑工程学院 .

[44] 莫琳，俞孔坚 . 2012. 构建城市绿色海绵——生态雨洪调蓄系统规划研究 [J]. 城市发展研究，19 (5) : 4-8.

[45] 聂发辉 . 2008. 上海城市景观绿地削减地表径流及其污染负荷的可行性研究 [D]. 上海 : 同济大学 .

[46] 潘国庆，车伍，李俊奇，等 . 2008a. 城镇雨水收集利用储存池优化规模的探讨 [J]. 给水排水 . 34 (12) : 42-47.

[47] 潘国庆，车伍，李俊奇，等 . 2008b. 中国城市径流污染控制量及其设计降雨量 [J]. 中国给水排水，24 (22) : 25-29.

[48] 潘国庆 . 2007. 不同排水体制的污染负荷及控制措施研究 [D]. 北京 : 北京建筑工程学院 .

[49] 祁继英 . 2005. 城市非点源污染负荷定量化研究 [D]. 南京 : 河海大学 .

[50] 上海气象志编纂委员会 . 1997. 上海气象志 [M]. 上海 : 上海社会科学院出版社 .

[51] 上海土壤普查办公室 . 1992. 上海土壤 [M]. 上海 : 上海科学技术出版社 .

[52] 史培军，袁艺，陈晋 . 2001. 深圳市土地利用变化对流域径流的影响 [J]. 生态学报，21 (7) : 1041-1049.

[53] 宋力，王宏，余焕 . 2002. GIS 在国外环境及景观规划中的应用 [J]. 中国园林，(06) : 56-59.

[54] 宋秋霞，徐勇鹏，鄂勇 . 2009. 透水沥青路面对路面径流污染的净化功效 [J]. 东北农业大学学报，40 (11) : 56-59.

[55] 孙建伟 . 2007. 邯郸市雨水利用及入渗补给地下水的研究 [D]. 邯郸 : 河北工程大学 .

[56] 孙书明，单保庆，彭万疆 . 2009. 草坪系统对城市降雨初期径流氮污染控制作用 [J]. 生态学杂志，28 (1) : 23-26.

[57] 孙艳伟 . 2011. 城市化和低影响发展的生态水文效应研究 [D]. 杨凌 : 西北农林科技大学 .

[58] 万里平，孟英峰，赵晓东 . 2003. 泡沫流体稳定性机理研究 [J]. 新疆石油学院学报，15 (1) : 70-73.

[59] 汪冬冬，杨凯，车越，等 . 2010. 河段尺度的上海苏州河河岸带综合评价 [J]. 生态学报，30（13）: 3501-3510.

[60] 王宝山 . 2011. 城市雨水径流污染物输移规律研究 [D]. 西安 : 西安建筑科技大学 .

[61] 王和意，刘敏，刘巧梅，等 . 2006. 城市暴雨径流初始冲刷效应和径流污染管理 [J]. 水科学进展，17（2）: 181-185.

[62] 王和意 . 2005. 上海城市降雨径流污染过程及管理措施研究 [D]. 上海 : 华东师范大学 .

[63] 王玲 . 2007. 不同坡度下城市下垫面景观结构对降水蓄渗影响实验研究 [D]. 长春 : 东北师范大学 .

[64] 王全，李晓辉，徐建刚 . 2004. 基于 GIS 城市景观分析与规划 [J]. 中国园林，（11）: 25-27.

[65] 王思思 . 2009. 国外城市雨水利用的进展 [J]. 城市问题，171（10）: 79-84.

[66] 王雯雯，赵智杰，秦华鹏 . 2012. 基于 SWMM 的低冲击开发模式水文效应模拟评估 [J]. 北京大学学报（自然科学版），48（2）: 303-309.

[67] 王晓峰，王晓燕 . 2002. 国外降雨径流污染过程及控制管理研究进展 [J]. 首都师范大学学报（自然科学版），23（1）: 91-101.

[68] 王延洋 . 2008. 滴水湖浮游动物群落结构及水质生态学评价 [D]. 上海 : 上海师范大学 .

[69] 邬建国 . 2007. 景观生态学——格局、过程、尺度与等级 [M]. 北京 : 科学出版社 .

[70] 夏军，黄国和，庞进武，等 . 2005. 可持续水资源管理——理论、方法、应用 [M]. 北京 : 化学工业出版社 .

[71] 向璐璐 . 2009. 雨水生物滞留技术设计方法与应用研究 [D]. 北京 : 北京建筑工程学院 .

[72] 辛向阳，周灿 . 2003. 优化城市水资源配置建设小区雨水利用系统 [J]. 水利发展研究，（12）:45-49.

[73] 徐延达，傅伯杰，吕一河 . 2010. 基于模型的景观格局与生态过程研究 [J]. 生态学报，30（1）: 212-220.

[74] 薛利红，杨林章 . 2009. 面源污染物输出系数模型的研究进展 [J]. 生态学杂志，28（4）: 755-761.

[75] 杨葳，梁伊任 . 2003. 基于 GIS 的园林规划设计方法的革新 [J]. 中国园林，（11）: 30-32.

[76] 姚凯 . 2007a. 近代上海城市规划管理思想的形成及其影响 [J]. 城市规划，（02）: 77-83.

[77] 姚凯 . 2007b. 上海城市总体规划的发展及其演化进程 [J]. 城市规划学刊，（01）: 101-106.

[78] 姚凯 . 2007c. 上海控制性编制单元规划的探索和实践——适应特大城市规划管理需要的一种新途径 [J]. 城市规划，（08）: 52-59.

[79] 余瑞彰，李秀艳，孟飞琴，等 . 2008. 模拟装置研究绿地系统在暴雨径流污染控制中的作用 [J]. 安全与环境学报，8（6）: 34-38.

[80] 俞孔坚，乔青，李迪华，等 . 2009. 基于景观安全格局分析的生态用地研究——以北

京市东三乡为例 [J]. 应用生态学报，20（8）: 1932-1939.

[81] 袁作新 . 1990. 流域水文模型 [M]. 北京 : 水利电力出版社 .

[82] 张大弟，周建平，陈佩青 . 1997. 上海市郊 4 种地表径流深的测算 [J]. 上海环境科学，16（9）: 1-3.

[83] 张大伟，赵冬泉，陈吉宁，等 . 2009. 城市暴雨径流控制技术综述与应用探讨 [J]. 给水排水，35（S1）: 25-29.

[84] 张华，尹占娥，殷杰，等 . 2011. 基于 GIS 的上海浦东暴雨内涝灾害脆弱性研究 [J]. 上海师范大学学报，40（4）: 427-434

[85] 张配亮 . 2007. 天津市区暴雨径流模拟模型的研究 [D]. 天津 : 天津大学 .

[86] 张伟，车伍，王建龙，等 . 2011. 利用绿色基础设施控制城市雨水径流 [J]. 中国给水排水，27（4）: 22-27.

[87] 张炜，车伍，李俊奇，等 . 2008. 图解法用于雨水渗透下凹式绿地的设计 [J]. 中国给水排水，24（20）: 35-39.

[88] 张艳红 . 2005. 城市雨水利用的趋势、现状和措施探讨 [J]. 南水北调与水利科技，3（3）: 27-29.

[89] 赵现勇，程方，张杏娟，等 . 2012. 不同结构透水路面对雨水径流污染物的削减作用 [J]. 天津城市建设学院学报，18（4）: 37-41.

[90] 郑兴，周孝德，计冰昕 . 2005. 德国的雨水管理及其技术措施 [J]. 中国给水排水，21（2）: 104-106.

[91] 周晓兵 . 2008. 城市景观规划设计中的雨水控制利用研究 [D]. 北京 : 北京建筑工程学院 .

[92] 宗净 . 2005. 城市的蓄水囊——滞留池和储水池在美国园林设计中的应用 [J]. 中国园林，（3）:51-55.

[93] 祖国庆 . 2009. 临港新城滨海盐碱地绿化给排水设计 [J]. 给水排水，35（11）: 84-87.

[94] 左俊杰 . 2011. 平原河网地区河岸植被缓冲带定量规划研究——以滴水湖汇水区为例 [D]. 上海 : 华东师范大学 .

[95] Alley W. M., Veenhuis J. E.. 1983. Effective Impervious Area in Urban Runoff Modeling[J]. Journal of Hydraulic Engineering-ASCE. 109(2): 313-319.

[96] Barraud S., Gautier A., Bardin J. P., *et al*. 1999. The Impact of Intentional Stormwater Infiltration on Soil and Groundwater[J]. Water Science and Technology, 39(2): 185-192.

[97] Beighley R. E., Kargar M., He Y. P.. 2009. Effects of Impervious Area Estimation Methods on Simulated Peak Discharges[J]. Journal of Hydrologic Engineering, 14(4): 388-398.

[98] Benedict Mark, Edward McMahon. 2006. Green Infrastructure: Linking Landscape and Communities [M]. USA: Island Press.,

[99] Beyers C. 2007. Mobilising "community" for justice in District Six: Stakeholder Politics

Warly in The Land Restitution Process[J]. South African Historical Journal, 58(1): 253-276.

[100] Booth D. B., Hartley D., Jackson R.. 2002. Forest Cover, Impervious-surface Area, and The Mitigation of Stormwater Impacts[J]. Journal of The American Water Resources Association, 38(3): 835-845.

[101] Boucher A. B., Tremwel T. K., Campbell K. L.. 1995. Best Management Practices for Water Quality Iimprovement in The Lake Okeechobee watershed[J]. Ecological Engineering Phosphorus dynamics in the Lake Okeechobee Watershed, Florida. 5(2-3): 341-356.

[102] Braune M. J., Wood A. 1999. Best management Practices Applied to Urban Runoff Quantity and Quality Control[J]. Water Science and Technology. 39(12): 117-121.

[103] Braune M. J.. 1999. Best Management Practices Applied to Urban Runoff Quantity and Quality Control[J]. Water Science and Technology, 39(12): 117-121.

[104] Byström O., Anderssona H., Gren I.. 2000. Economic Criteria for Using Wetlands As Nitrogen Sinks Under Uncertainty[J]. Ecological Economics, 35(1): 35-45.

[105] Byström O.. 1998. The Nitrogen Abatement Cost in Wetlands [J]. Ecological Economics, 26(3): 321-331.

[106] Carleton J. N., Grizzard T. F., Godrej A. N., *et al.* 2001. Factors Affecting The Performance of Stromwater Treatment Wetlands[J], Water Resource, 35(6): 1552-1562.

[107] Castelle A. J., Johnson A. W., Conolly C.. 1994. Wetland and Stream Buffer Size Requirements: A Review[J]. Environmental Quality, (23): 878-882.

[108] Center for Neighborhood Technology (CNT). 2009. A Sustainable Community-Based Approach to Reducing Non-Point Source Pollution[R]. Chicago, USA.

[109] Center for Neighborhood Technology(CNT), American Rivers. 2010. The Value of Green Infrastructure: A Guide to Recognizing Its Economic, Environmental and Social Benefits [EB/OL]. http://www.cnt.org/repository/gi-values-guide.pdf.

[110] Centner T. J., Houston J. E., Keeler A. G., *et al.* 1999. The Adoption of Best Management Practices to Reduce Agricultural Water Contamination[J]. Limnologica-Ecology and Management of Inland Waters, 29(3): 366-373.

[111] CIRIA, U.K.. 2000. Sustainable Urban Drainage Systems: Design Manual for England Scotland and Wales Northern Ireland[M]. London, U.K.: Cromwell Press.

[112] Clark M. J.. 2002. Dealing With Uncertainty: Adaptive Approaches to Sustainable River Management[J]. Aquatic Conservation: Marine and Freshwater Ecosystems, 12(4): 347-363.

[113] Corwin D. L., Vaughan P. J., Loague K. 1997. Modeling Nonpoint Source Pollutants in The Vadose Zone With GIS [J]. Environmental Science & Technology, 31(8): 2157-2175.

[114] Costanza R., d'Arge R., de Groot R., *et al.* 1997. The Value of The World's Ecosystem Services and Natural Capital[J]. Nature, (387): 252-259.

[115] Daily, G.. 1997. Nature's Services: Society Dependence on Natural Ecosystems[M]. Washington, D.C.: Island Press.

[116] David R. Tilley, Mark T. Brown.1998. Wetland Networks for Stormwater Management in Subtropical Urban Watersheds[J]. Ecological Engineering, (2): 131-158.

[117] Davis A.P., McCuen R.H.. 2005. Stormwater Management for Smart Growth[M]. US: Springer Press.

[118] Dayaratne S. T., Perera B. 2008. Regionalisation of Impervious Area Parameters of Urban Drainage Models[J]. Urban Water Journal, 5(3): 231-246.

[119] Duda A. M..1993. Addressing Nonpoint Sources of Water Pollution Must Become An International Priority[J]. Water Science & Technology, 28(3): 1-11.

[120] Duke J.M., Aull-Hyde R.. 2002. Identifying Public Preferences for Land Preservation Using The Analytic Hierarchy Process[J]. Ecological Economics, 42(1-2): 131-145.

[121] Dunphy A., Beecham S., Jones C., *et al.* 2005. Confined Water Sensitive Urban Design (WSUD) Stormwater Filtration/Infiltration Systems for Australian Conditions [C]. The 10th International Conference on Urban Drainage, Copenhagen, Denmark.

[122] Forman R. T. T., Godron M.. 1986. Landscape Ecology[M]. New York: John Wiley & Sons.

[123] Goriup P. 1998. The Pan-European Biological and Landscape Diversity Strategy: Integration of Ecological Agriculture and Grassland Conservation[J]. Parks, 8(3): 37-46.

[124] Han W. S., Burian S. J.. 2009. Determining Effective Impervious Area for Urban Hydrologic Modeling[J]. Journal of Hydrologic Engineering, 14(2): 111-120.

[125] Hancock D. 2005. Low Impact Design—A Critical Evaluation of Long Term Benefits Versus Short Term Impact [C]. The Fourth South Pacific Conference on Stormwater and Aquatic Resource Protection, Auckland, New Zealand.

[126] Intergovernmental Panel on Climate Change (IPCC). 2007. Climate Change 2007: The Physical Science Basis[R]. IPCC Secretariat, WMO, 7bis, Avenue de la Paix, 1211 Geneva2, Switzerland.

[127] Jang S., Cho M., Yoon J., *et al.* 2007. Using SWMM as A Tool for Hydrologic Impact Assessment[J]. Desalination, 212(1-3): 344-356.

[128] Jennings, D. B., Jarnagin, S T. 2002. Changes in Anthropogenic Iimpervious Surfaces, Precipitation and Daily Stream Flow Discharge: A Historical Perspective in A Mid-Atlantic Subwatershed[J]. Landscape Ecology, (17): 471-489.

[129] Jessel B., Jacobs J.. 2005. Land Use Scenario Development and Stakeholder Involvement As Tools for Watershed Management Within The Havel River Basin[J]. Limnologica, 35(3): 220-233.

[130] Jiri Marsalek, Hans Schreier, 2008. Innovation in Stormwater Management in Canada: The Way Forward[J]. Water Quality Research Journal of Canada: 5-10.

[131] Johnson L.. 2002.Cities in Nature: Case Studies of Urban Greening Partnerships[M]. Toronto.

[132] Jones J. E., Earles T. A., Fassman E. A., *et al.* 2005. Urban Stormwater Regulations - Are Impervious Area Llimits A Good Idea?[J]. Journal of Environmental Engineering-ASCE, 131(2): 176-179.

[133] Kline J., Wichelns D.. 1998. Measuring Heterogeneous Preferences for Preserving Farmland and Open Space[J]. Ecological Economics, 26(2): 211-224.

[134] Koontz T.M.. 2005. We Finished The Plan, So Now What? Impacts of Collaborative Stakeholder Participation on Land Use Policy[J]. Policy Studies Journal, 33(3): 459-481.

[135] Leegflang M., Monster N., Van De Ven F.. 1998. Design Graphs for Stormwater Infiltration Facilities[J]. Hydrological Sciences. 43(2): 173-180.

[136] Leopold, L. B.. 1968. Hydrology for Urban Land Planning: A Guidebook on The Hydrologic Effects of Urban Land Use. Geological Survey Circular.

[137] Lewis A.. 2004. Rossman. Storm Water Management Model User's Manual Version5.0[S]. National Risk Management Research Laboratory Office of Research and Development U.S. Environmental Protection Agency Cincinnati, OH.USEAP.

[138] Line D. E. , White N. M.. 2007. Effects of Development on Runoff and Pollutant Export[J]. Water Environment Research, 79 (2): 185-190.

[139] Low impact Development Center. 2000. Low Impact Development(LID)A Literature Review[M]. Washington: United States Environmental Protection Agency.

[140] Makepeace D. K., Smith D. W., Stanley S. J.. 1995. Urban Stormwater Quality: Summary of Contaminant Data[J]. Critical Reviews in Environmental Science and Technology, 25(2): 93-139.

[141] Malmqvist P.A.. 2006. Strategic Planning of Sustainable Urban Waster Management[M]. London: IWA Publishing.

[142] ManderÜ, Jagomägi J, KülvikM. 1988. Network of Compensative Area as an Ecological Infrastructure of Territories[C]. Connectivity in Landscape Ecology, Proceedings of the 2nd International Seminar of the International Association for Landscape Ecology, Ferdinand Sconingh,Paderborn: 35-38.

[143] Marsalek J., Jimenez-Cisneros B., Karamouz M., *et al.* 2006. Urban Water Cycle Processes and Interactions[M]. Taylor & Francis, Leiden, The Netherlands.

[144] Maryland Department of the Environment. 2000. Maryland Stormwater Design Manual Volumes I&II[S]. Maryland.

[145] Mays L. W.. 2001. Stormwater Collection Systems Design Handbook[M]. New York, USA: McGraw-Hill.

[146] McAlister T.. 2007. National Guidelines for Evaluating Water Sensitive Urban Design (WSUD)[R]. BMT WBM Pty Ltd.

[147] Melbourne Water. 2005. WSUD engineering Procedures: Stormwater [M]. Melbourne, Australia: CSIRO publishing.

[148] Michael L.Clar, Billy J.Barfield, Thomas P.O'Connor. 2004. Stormwater Best Management Practice Design Guide Volume 2:Vegetative Biofilters[S]. The U.S. Environmental Protenction Agency. (EPA/600/R-04/121A).

[149] Mishra S. K., Geetha, K., Rastogi, A. K., *et al.* 2005. Long-term Hydrologic Simulation Using Storage and Source Area Concepts[J]. Hydrological Processes, (19): 2845-2861.

[150] Mitsch W. J., Gosselink J. G.. 2000. The Value of Wetlands: Importance of Scale and Landscape Setting[J]. Ecology Economic, (35): 25-33.

[151] Morari F., Lugato E., Borin M. 2004. An Integrated Non-point Source Model-GIS System for Selectingm Criteria of Best Management Practices in Tthe Po Valley, North Italy[J]. Agriculture, Ecosystems & Environment, 102(3): 247-262.

[152] Nidumolu U.B., van Keulen H., Lubbers M., *et al.* 2007. Combining Interactive Multiple Goal Linear Programming with An Inter-stakeholder Communication Matrix to Generate Land Use Options[J]. Environmental Modeling & Software, 22(1): 73-83.

[153] Noel Corkery, Andrew Kielniacz, David Chubb. 2004. Water Sensitive Urban Design Technical Guidelines for Western Sydney[S]. URS Australia Pty Ltd(URS).

[154] Novotny V., Brown P. (Eds.). 2007. Cities of Tthe Future: Towards Integrated Sustainable Water and Landscape Management [M]. London, U.K: IWA Publishing.

[155] Novotny V., Olem V.. 1994. Water Quality: Prevention, Identification and Management of Diffuse Pollution[M]. U. S. New York: Van Nostrand Reinhold Company.

[156] O'Connell I.J., Keller C.P.. 2002. Design of Decision Support for Stakeholder-driven Collaborative Land Valuation[J]. Environment and Planning B-Planning & Design, 29(4): 607-628.

[157] Office of Research and Development Washington. 2004. The Use of Best Management Practices (BMPs) in Urban Watersheds [M]. Washington: United States Environmental Protection Agency, EPA/600/R-04/184.

[158] Pandit A., Gopalakrishan G.. 2002. Estimation of Annual Storm Runoff Coefficients by Continuous Simulation[J]. Journal of Irrigation and Drainage Engineering, 122: 211-220.

[159] Patela M., Kok K., Rothman D.S. 2007. Participatory Scenario Construction in Land Use Analysis: An Insight into The Experiences Created by Stakeholder Involvement in The Northern Mediterranean[J]. Land Use Policy, 24(3): 546-561.

[160] Pauleit S., Ennos R., Golding Y. 2005. Modeling The Environmental Iimpacts of Urban Land Use and Land Cover Change-A Study in Merseyside, UK [J]. Landscape and Urban Planning, (71): 295-310.

[161] Peterson E. W., Wicks C. M.. 2006. Assessing The Importance of Conduit Geometry and Physical Parameters in Karst Systems Using The Stormwater Management Model (SWMM)[J]. Journal of Hydrology, 329(1-2): 294-305.

[162] PGC Prince George's County, Maryland. 1999. Low Impact Development Design Strategies: An Integrated Design Approach.[R]. Maryland.

[163] Powell S. L., Cohen W. B., Yang Z., et al. 2008. Quantification of Impervious Surface in the Snohomish Water Resources Inventory Area of Western Washington from 1972-2006[J]. Remote Sensing of Environment, 112(4): 1895-1908.

[164] Rao N. S., Easton Z. M., Schneiderman E. M., *et al.* 2009. Modeling Watershed-scale Effectiveness of Agricultural Best Management Practices to Reduce Phosphorus Loading[J]. Journal of Environmental Management, 90(3): 1385-1395.

[165] Sanders R. A.. 1986. Urban Vegetation Impacts on the Hydrology of Dayton, Ohio[J]. Urban Ecology, 9(3-4): 361-376.

[166] Scholz-Barth K.. 2001. Green Roofs: Stormwater Management From the Top Down[J]. Environmental Design & Construction, 01/02.

[167] Schwilch G., Bachmann F., Liniger H.P.. 2009. Appraising and Selecting Conservation Measures to Mitigate Desertification and Land Degradation Based on Stakeholder Participation and Global Best Practices[J]. Land Degradation & Development, 20(3): 308-326.

[168] Selm, A. J. Van. 1988. Ecological Infrastructure: A Conceptual Framework for Designing Habitat Network[C]. In Schrieiber, K.-F. (ed.), Connectivity in Landscape Ecology, Proceedings of the 2nd International Seminar of the International Association for Landscape Ecology. Ferdinand Schoningh. Paderborn: 63-66.

[169] Sharifan R.A., Roshan A., Aflatoni M., *et al.* 2010. Uncertainty and Sensitivity Analysis of SWMM Model in Computation of Manhole Water Depth and Subcatchment Peak Flood[J]. Procedia - Social and Behavioral Sciences Sixth International Conference on Sensitivity Analysis of Model Output, 2(6): 7739-7740.

[170] Shaver E.. 2000. Low Impact Design Manual for the Auckland Region[R]. Auckland Regional Council, New Zealand.

[171] Sieker F.. 1998. On-site Stormwater Management as an Alternative to Conventional Sewer Systems: A New Concept Spreading in Germany[J]. Water Science and Technology, 38(10): 65-71.

[172] Sieker H., Klein M.. 1998. Best Management Practices for Stormwater-runoff with Alternative Methods in a Large Urban Catchment in Berlin, Germany[J]. Water Science and Technology, 38(10): 91-97.

[173] Soil Conservation Service. 1972. National Engineering Handbook, Section 4: Hydrology [S]. USDA, Springfield, VA.

[174] Stender I. 2002. Policy Incentives for Green Roofs in Germany[Z]. The Green Roof Infrastructure Monitor.

[175] Stormwater Committee.2006. Best Practice Environmental Management Guidelines[S]. CSIRO, Australia,

[176] Stormwater Steering Committee(SSC). 2007. The Minnesota Stormwater Manual[S]. Minnesota,USA, 43-57.

[177] Strager M.P., Rosenberger R.S.. 2006. Incorporating Stakeholder Preferences for Land Conservation: Weights and Measures in Spatial MCA[J]. Ecological Economics, 58(1): 79-92.

[178] Tracy Tackctt. 2008. Seattle's Policy and Pilots to Support Green Stormwater Infrastructure[A]. 2008 International Low Impact Development Conference[C]. Washington: Environmental and Water Resources institute of ASCE.

[179] Turner M. G.. 1989. Landscape Ecology: The Effect of Pattern on Process[J]. Annual Review of Ecological System, 20(1) : 171-197.

[180] U. S. Green Building Council. 2005. Green Building Rating System for New Construction & Major Renovations Version 2.2[M]. U. S.: Green Building Council: 11-12.

[181] USEPA 1993. Guidance Manual for Developing Best Management Practices[S]. Washington, D.C., EPA-833-B-93-004.7-11.

[182] USEPA. 2000. Low Impact Development(LID): A Literature Review. United States Environmental Protection Agency [R]. EPA-841-B-00-005,Washington DC: United States Environmental Brotection Agency.

[183] USEPA. 2004. Stormwater Best Management Practice Design Guide (Volume 1) [S]. Washington DC: Office of Research and Development.

[184] USEPA. 2005. National Management Measures to Control Nonpoint Source Pollution from Urban Area[R]. USA.

[185] U.S. Soil Conservation Service. 1972. National Engineering Handbook Section 4, Hydrology[M]. USA: U. S Government Printing Office.

[186] Unified Facilities Criteria(UFC) Design. 2000. Low impact Development Manual[M]. U.S.: Army Corps of Engineers.

[187] Van Roon M., Van Roon H. 2009. Low Impact Urban Design and Development: The Big Picture[M]. Lincoln, New Zealand: Manaaki Whenua Press.

[188] Van Roon M.. 2005. Emerging Approaches to Urban Ecosystem Management: The Potential of Low Impact Urban Design and Development Principles[J]. Journal of Environmental Assessment Policy and Management, 7(1): 125-148.

[189] Vernon B., Tiwari R.. 2009. Place-Making through Water Sensitive Urban Design[J]. Sustainability, 29(1): 789-814.

[190] Wattage P., Mardle S. 2005. Stakeholder Preferences towards Conservation Versus Development for a Wetland in Sri Lanka[J]. Journal of Environmental Management, 77(2): 122-132.

[191] Weber T., Aviram,R.. 2002. Forestand Green Infrastructure loss in Maryland1997-2000, and implications for the future. Maryland Department Nat. Res., Annapolis, MD,36pp., plus appendices. Online: available at http://www.dnr.state.md.us/greenways/gi/gi.html.

[192] Weber T.. 2003. Maryland's Green Infrastructure Assessment: A Comprehensive Strategy for Land conservation and Restoration[J]. Maryland Department Nat.Res., Annapolis, MD, 246pp., plus appendices. Online: available at http://www.dnr.state.md.us/greenways/gi/gi.html.

[193] Whitforda V., Ennosa A.R., Handley J.F.. 2001. "City From and Natural process"— Indicators for the Ecological Performance of Urban Areas and Their Application to Merseyside UK[J]. Landscape and Urban Planning, (57): 91-103.

[194] Wilson S, Bray R, Cooper P. 2004. Sustainable Drainage Systems[R]. London, UK: Hydraulic, Structural and Water Quality Advice. Construction Industry Research and Information Association(CIRIA).

[195] Wood-Ballard B., Kellagher R., Martin P., et al. 2007. The SUDS Manual[S]. CIRIA, Classic House, 174-180 0ld Street, London ECIV 9BP, UK.

[196] Wu J., Hobbs R.. 2002. Key Issues and Research Priorities in Landscape Ecology: An Idiosyncratic Synthesis[J]. Landscape Ecology, 17(4) : 355-365.

[197] Yin X., Saha U. K., Ma L. Q.. 2010. Effectiveness of Best Management Practices in Reducing Pb-bullet Weathering in a Shooting Range in Florida[J]. Journal of Hazardous Materials, 179(1-3): 895-900.

[198] Yu K. J..1996a. Security Patterns and Surface Model in Landscape Planning[J]. Landscape and Urban Planning, (36): 1-17.

[199] Yu K. J.. 1995b. Security Patterns in Landscape Planning with a Case Study in South China[D]. Graduate School of Design, Harvard University, MA,USA.

[200] Zaghloul N. A., Abu Kiefa M. A.. 2001. Neural Network Solution of Inverse Parameters Used in the Sensitivity-calibration Analyses of the SWMM Model Simulations[J]. Advances in Engineering Software, 32(7): 587-595.

附录　示范工程施工与建成后的实景照片

附图1　道路示范工程实景照片

（a）砂石生态渗透池施工时；（b）~（d）多级梯度生态净化塘系统施工时；（e）~（h）建成后某场降雨中的示范工程照片

(*a*)　(*b*)

(*c*)　(*d*)

(*e*)　(*f*)

(*g*)　(*h*)

附图2　停车场示范工程

(*a*)~(*b*)生态渗滤沟施工时；(*c*)~(*d*)表流湿地与复合生态塘施工时与建成后；(*e*)升流式集水井；(*f*)~(*h*)建成后的生态渗滤沟